»Eine Weile geschah nichts, dann wurden Schlauchboote mit Außenbordern herabgelassen. Zunächst tummelten sie sich im Schutze des Mutterschiffs, dann lösten sich einzelne aus dem Verband und preschten dem Festland entgegen. Binnen Kurzem würden sie mit ihren vermummten Besatzungen den Strand erreichen.«

In einer menschenleeren Bucht auf der Arabischen Halbinsel taucht ein furchteinflößendes Objekt am Horizont auf. Auf dreitausend Straßenkilometer durch den Iran kommt es zu unheimlichen, aber auch unvergesslichen Begegnungen. In Paris versucht ein alter Seemann, auf rührende Weise an seinem früheren Leben festzuhalten.

Nanna Elsa Harth nimmt uns mit auf ihre Reisen rund um den Globus. Ihre Geschichten verzaubern und lassen uns tief eintauchen in Orte und Begegnungen voll Sinnlichkeit, Poesie und Humor. Ihre Beobachtungen macht sie oft „hinter den Kulissen" und jenseits des touristischen Mainstreams. Dieses Buch ist zugleich die spannende Geschichte einer unwiderstehlichen Reiselust, die begann, als die Autorin in früher Kindheit das erste Mal das Berliner Völkerkundemuseum besuchte.

Nanna Elsa Harth studierte an Kunsthochschulen in Berlin und Kopenhagen. Sie lebt und arbeitet in der Nähe von Mainz.

Nanna Elsa Harth

VON DER TRABANTENSTADT NACH TONGATAPU

Geschichten von
Geschöpfen und Gegebenheiten
rund um den Globus

Bibliografische Information der Deutschen Nationalbibliothek:
Die Deutsche Nationalbibliothek verzeichnet diese Publikation
in der Deutschen Nationalbibliografie; detaillierte bibliografische
Daten sind im Internet über http://dnb.dnb.de abrufbar.

© 2019 Nanna Harth
Herstellung und Verlag:
BoD - Books on Demand, Norderstedt
Lektorat: Lisa Lorz Redaktion, Bayreuth
Umschlaggestaltung: ELLELL DESIGN, Kaiserslautern
Titelfoto: BlueBoeing, shutterstock

Kontakt: text@nannaharth.de

ISBN: 978-3-7481-0240-3

Für Penelope und Konstantin

»Können wir in den Ferien nicht
mal an die Ostsee fahren?«

DAS KÖNIGREICH

Damals in Berlin. Mit vier oder fünf Jahren nahm ich das erste Mal bewusst die Existenz verschiedener Welten wahr. Ich erlebte zwei von ihnen, wie sie für mich zu diesem Zeitpunkt unterschiedlicher nicht hätten sein können. Beide rüttelten massiv an mir. Die eine Welt im nüchternen Norden der Stadt, in einer Trabantensiedlung und dem dogmatischen Alltag in einem antiautoritären Kindergarten. Die andere im vornehmen Süden Berlins, im geheimnisvollen Völkerkundemuseum mit seinen seicht illuminierten, von Erdtönen geprägten Ausstellungsflächen.

Nach einem ersten Ausflug in die wohlig temperierte Abteilung der Südsee, wahrscheinlich an einem „Was machen wir heute nur"-Wochenende, war es um mich geschehen. Ich beschwor meine Eltern regelmäßig aufs Neue, die Fahrt in ihrem klapprigen VW-Käfer, einmal durch die Stadt zum Museum und wieder zurück, auf sich zunehmen.

Bereits an den Abenden, bevor wir nach „Polynesien" aufbrachen, packte ich meinen veilchenblauen Sammelordner mit dem Aufdruck „Völkerkundemuseum Berlin - Stiftung Preußischer Kulturbesitz" in die Häkeltasche meiner Mutter. Am Ziel der Reise angekommen, wurde er umgehend mit Blättern, die dicht mit Buchstaben und Zeichnungen bedruckt waren, aufgefüllt. Man konnte die Papiere Plexiglaskästen, die den Exponaten zugeordnet waren, gegen ein kleines Entgelt entnehmen. Sie waren jeweils mit einem schwarzen Punkt und einer weißen Zahl darauf versehen. Manche Zahlen verfügten zusätzlich über den Annex a, b oder c. Dadurch wurde das Einsortieren in den Ordner besonders schwierig. Letztendlich gestaltete sich die Reihenfolge in meiner Mappe jedoch zu einer ganz persönlichen, und so reiste ich auf eigener Route durch die mitreißende Inselwelt Ozeaniens.

Ich liebte diesen Museumsbereich, ein Ort, an dem ich Ruhe und Geborgenheit verspürte, aber auch Aufregung und Neugierde. Das erste Mal in meinem Leben empfand ich eine tiefe Sehnsucht. Eine Sehnsucht nach dem Ursprung dieser für mich vollkommenen Gefühlskomposition.

Schon bald erkor ich das „Königreich Tonga" zu meiner zweiten Heimat. Mein Highlight war ein Auslegerboot aus schwerem verwittertem Holz, das ich, durchflutet von einem Gefühl der Erhabenheit, regelmäßig erklomm und in Beschlag nahm. Ob das erlaubt war, weiß ich nicht mehr. „Da will ich hin", erinnern sich meine Eltern, hätte ich immer wieder gefordert, „und nur dahin!" Fremdartige Wohnhütten, mit freundlich-schlichten Ornamenten versehene Gebrauchsgegenstände und Textilien aus einer mir neuen Welt zogen mich in ihren Bann. Sie weckten eine leise Ahnung in mir, wie facettenreich unser Planet jenseits meines Horizontes sein müsse. So anders als der Alltag im Kindergarten mit seinen haltlosen Rackern und verkniffenen Pädagogen. Dort durfte ein Rufus, wenn ihm gerade danach war, nur mit einem Fell um die Lenden bekleidet, als Tarzan auf der eingeschneiten Dachterrasse exzentrische Tänzchen zum Besten geben. Und niemand zuckte mit der Wimper, als Ernesto eines Tages, weil ihm das Mittagessen missfallen hatte, seinem Paten-Meerschweinchen im Spülbecken die Kehle durchschnitt. Verbalattacken untereinander wurden als psychologisch unbedenklich und notwendig eingestuft, das A-Wort gegenüber den Erzieherinnen inklusive.

Nein, so etwas gab es auf den sogenannten „Freundschaftsinseln" mit Sicherheit nicht. Die Tonganer trugen Maulbeerbaumrinden - so genannte Tapas - um die

Hüften, um sich vor Hitze und Staub zu schützen. Mit ihren Tänzen erzählten sie die Geschichten ihrer Ahnen. Sie töteten Tiere nur, wenn der Hunger sie plagte, und Urgeschrei fand lediglich zur Abschreckung von Feindesstämmen statt. Soweit meine Vorstellungen. Alles musste dort einen Sinn ergeben.

Zwanzig Jahre später. Ich wohnte mit meinem Vater bei einer Fischerfamilie auf Tongatapu, der Hauptinsel des kleinen Königreichs. Wir aßen tagein, tagaus Reis mit matschigen Papayas und verkohltem Fisch. Düsten auf Mopeds über die holprigen Straßen von Nukualofa. Blechverschläge, bescheidene Holzhäuschen mit spärlich bestückten Gemüseparzellen säumten den Wegesrand. In Kokospalmenhainen scharrten Hausschweine und weideten schwarz-weiß gefleckte Kühe. Junge Männer bewegten nicht mit stolzgeschwellter Brust ihre kunstvoll tätowierten Körper zu traditionellen Rhythmen, sondern lungerten in amerikanischen Sportklamotten oft beschäftigungslos herum.

Wir begegneten dem schwergewichtigsten Regenten der Welt, König Tupou IV, mit seinen Leibwächtern beim Fahrradfahren auf heißem Asphalt. Vor seinem Palast, einer aufgeblasenen Villa Kunterbunt, polierte ein Chauffeur den royalen Mercedes und hielt dabei ein

Schwätzchen mit uns. Eine Häuptlingsrunde, Tapas um die breiten Becken geschnürt, lud uns nach Sonnenuntergang zu einer Kawa-Kawa-Zeremonie ein: Im Uhrzeigersinn schlürften wir aus einer Kokosnussschale, den aus einem mittig positionierten Kessel geschöpften Sud der berauschenden Pfefferwurzel. Auf einem Markt wollte ich Tage später einen Tapa erstehen, so wie ich ihn aus dem Museum kannte und bei den Häuptlingen wiederentdeckt hatte. Mein Vater winkte ab, wir seien noch am Anfang unserer Reise. „Viel zu schwer. Kauf das später auf einer der nächsten Inseln, Samoa, Tahiti, Fidschi oder so." Ich protestierte, „nein, die gibt es nur auf Tonga. Das weiß ich ganz genau. Hast Du mir vorgelesen, damals von meinen Museumsblättern." Hier am anderen Ende der Welt begegnete mir ein wenig von dem, was ich damals verehrt hatte. Etwas davon, hätte ich gerne gerettet oder mit nach Hause genommen.

Wieder sind zwanzig Jahre vergangen. Meine Tochter ist fünf Jahre alt und besucht mit Freude einen bodenständigen kommunalen Kindergarten. Kürzlich, bei einem Umzug, entdeckten wir den Sammelordner in einer maroden Kiste. Wir fanden darin auch allerlei Devotionalien. Eine Plastiktüte mit Korallenfragmenten in den schrillsten Farbtönen. Liebevoll aufgezogene Halsketten aus Muscheln und Melonenkernen. Kleine vergilbte Packpapierpäckchen mit einem Pulver. Die hatten mir nachts noch die berauschten Häuptlinge zugesteckt. Postkarten mit retuschierten Traumlandschaften und Darstellungen kultischer Riten. Diapositive von mir mit Tiaré-Blütenkronen auf dem jungen Haupt. Ach ja, und ein Stück bemalte Maulbeerbaumrinde. Das konnte ich dann doch noch in den Rucksack schmuggeln. Meine Tochter war verzaubert von den Dingen, die ihre Mutter von sonst wo mitgebracht hatte. „Da will ich hin!", verkündete sie.

Vielleicht fahren wir später mal zusammen hin, dachte ich. Aller Voraussicht nach wird es dann auf Tongas Inseln diverse Luxusresorts internationaler Konzerne geben. Wir werden uns eines im landestypischen Stil herauspicken und kultivierten Müßiggang betreiben wie auf einer der vielen anderen Palmeninseln dieser Welt. Es wird einen lagunenartig angelegten Pool und ein gärtnerisch gelungenes Tropenambiente geben. Das Buffet wird köstlich sein, besonders am polynesischen Themenabend. Die Aufführung einer einheimischen Tanz- und Gesangskombo wird mich leise mitsummen lassen und mir einen Moment der Wehmut bringen. Nachts werde ich in einem als Eingeborenenhütte getarnten, vollklimatisierten Bungalow paradiesische Träume haben. Mit ein paar gut geschüttelten, klebrigsüßen Cocktails im Blut wird das bestens gelingen.

Die Magie der Südsee ist verblasst.
Die Sehnsucht aber hält bis heute an.

DAS RELIKT

Ein feudaler Boulevard damals, eine überlastete Verkehrsader heute. Reisebusse, Autos, Motorroller hasten über die Pflastersteine aus einer anderen Epoche. Geschwindigkeit und Gestank trennen das, was einst verbunden war. Eine prachtvolle Häuserfront aus dem 17. Jahrhundert und eine an der Uferpromenade gelegene Parkanlage. Eine gute Adresse früher mal. In den Sockelzonen der Bürgerhäuser haben sich mit den Jahren Kioske und Touristenbars eingenistet. Gleich dahinter befinden sich die Plätze und Paläste der Altstadt von Neapel. So mancher Rundgang beginnt oder endet hier.

Anfang September, in einer dieser Imbissbars mit blassen Paninis und Espresso aus Pappbechern. Unter einer Markise bei lauem Mineralwasser. Am Nachbartisch Touristen aus Fernost, stumme Nachrichten in ihre Smartphones hackend. Vor ihnen zerdrückte Bierdosen und Essensreste. Die Sehenswürdigkeiten lagen bereits hinter ihnen, und ein Guide hatte sich ihrer hier entledigt. Aus einem an der Hauswand montierten Lautsprecher säuselte beliebiger Italo-Pop. Darunter Vorstadtmädchen, die sich an einer Maschine grelle Softdrinks zapften.

Der Linienbus hatte hier gehalten, „Centro Storico" rief uns der Fahrer zu. Nur schnell ein Wasser in der Mittagshitze, dachten wir, bevor wir uns in die alten Gassen aufmachen würden. Aber es dauerte, bis ein Kellner kam und die Hinterlassenschaften anderer auf dem Tisch verwischte. Hin und her. Und hin und her. Und es dauerte, bis das Wasser endlich vor uns stand. Zeit sich umzuschauen.

Die Mittagspausen in den Büros und Geschäften neigten sich dem Ende zu. Der breite Bürgersteig belebte sich wieder mit Einheimischen. Einige Parklücken entfernt stand ein Mann vor der Häuserfront und schien auf irgendetwas oder irgendwen zu warten. Ein zweiter kam hinzu, ein dritter, ein vierter, eine lose Ansammlung bildete sich. Als etwa ein Dutzend beisammen war, begannen sich die Männer wortlos zu ordnen. Als die sich quer über das Trottoir erstreckende Reihe anfing, Passanten zu behindern, formierte sie sich zu einer parallel zur Mauer verlaufenden Schlange. Geduldige Männer jeglichen Alters und jeglicher Sorte. Es war kein gemeinsamer Nenner erkennbar. Aber es kamen immer mehr.

Wir bezahlten, verließen die Bar und gingen zu ihnen hinüber. Sie warteten vor einer mit Marmor verkleideten Fassade. Ein beliebiger Familienname thronte in dünnen Stahllettern über der einzigen Öffnung im Parterre des Gebäudes. Dann ging es los. Geräuschlos. Bedächtig. Wie durch ein Nadelöhr schoben sich die ersten Wartenden durch eine Glastür, flankiert von zwei schmalen Schaukästen, die leer bis indifferent bestückt waren. Ein Eingangsensemble aus der alten Zeit. Mit gewölbtem Glas und Rahmen aus dunklem Tropenholz. Höchstens zwei ausgestreckte Arme breit. Nachdem fünf, sechs Männer hineingeschlüpft waren, wurde die Tür wieder geschlossen. Als sie nach einer Viertelstunde heraustraten, hielten sie kleine blaue Kartons in den Händen und zischten davon, als gälte es, die Zeit des Wartens wieder gutzumachen. Die nächste Gruppe wurde eingelassen und exakt nach der gleichen Zeitspanne wieder herausgelassen. Dieser Vorgang wiederholte sich einige Male, bis auch wir in dem Schlitz verschwanden.

Hinter der Tür schlug ein elfenbeinfarbener Damastvorhang zur Seite. Nachdem eine Handvoll Wartender im Raum versammelt war, fiel der Stoff wieder in seine Bahn zurück, und der Lärm der Straße versiegte. Ein Herr im Zweireiher begrüßte die Anwesenden mit einem schlichten „Benvenuto" und deutete in den Raum. Nach wenigen Schritten befanden wir uns im Zentrum eines kleinen Salons. Parkett mit Intarsien und eine Stuckdecke rahmten das historische Interieur. Raumhohe, holzgefaste Glasvitrinen wanderten die Wände entlang. Alles aus einem Guss. Ein einzelner Kronleuchter ließ die vornehme Ausstattung erstrahlen. Zwei Herren mit grauen Arbeitskitteln über den Anzügen standen jeweils hinter einem der beiden Ladentische. Sie trugen Maßbänder um den Hals und weiße Baumwollhandschuhe an den Händen. Behutsam hoben sie ihre Preziosen aus den Schubladen und breiteten sie in farblich sortierten Fächern auf der Glasablage aus. Keine Spur davon, dass schon andere vor uns hier bedient worden waren. Aus Wartenden wurden Kunden, die in gebeugter Haltung vorsichtig die Objekte ihrer Begierde begutachteten. Prüfende Hände und Augen konzentrierten sich auf Beschaffenheit und Farblichkeit der Materialien. Lediglich das Knistern von Schutzfolien und vereinzeltes Gemurmel waren zu vernehmen. Dann mussten Entscheidungen getroffen werden, denn es war Zeit für den nächsten Schwung Wartender.

Über einem altmodischen Kassenapperat, ich hatte ihn eben erst entdeckt, da er beim Eintritt von dem beiseite geschobenen Vorhang verdeckt worden war, hing eine seltsame Galerie. Rahmen verschiedener Formate und

Stile, willkürlich angeordnet und keiner Linie folgend. Nicht weiter erwähnenswert, wären die eingefassten Motive andere gewesen. Aber zwischen den unscheinbaren Holzleisten klebten Fotografien von Präsidenten, Starregisseuren, Medienmogulen und Königen. Den Abgebildeten nach zu urteilen umspannte die Sammlung einige Jahrzehnte. Nicht wenige von Ihnen hatten bereits das Zeitliche gesegnet. Sie schüttelten alle einem unbekannten Herrn mit dünnem Haarkranz und widerspenstigen Augenbrauen die Hand. Der war mal jünger, mal älter. Es waren verschiedene Männer, aber sie waren einander wie aus dem Gesicht geschnitten. „Drei Generationen!", krächzte uns der betagte Kassier voller Stolz entgegen. „Großvater, Sohn und Enkel".

Unsere Zeit war vorbei. Wir bezahlten das, was wir erstanden hatten, und wurden im Schub wieder hinaus auf die lärmende Straße entlassen. Hinter uns lag das Stammhaus eines alteingesessenen Familienunternehmens, einer vornehmen Krawattenschneiderei, die mit dem Schlussverkauf begonnen hatte. Mein Mann war Teil des gemeinsamen Nenners geworden. Auch er verließ dieses Relikt mit einer edlen Schachtel, war dem Zauber des Augenblicks erlegen, denn Krawatten trug er so gut wie nie.

DAS FINALE

Das Restaurant und die Auberge „Chez Martinez" in der Bucht St. Pierre haben ihren Besitzer verloren. Jean-Claude Martinez führte das kleine Unternehmen seit fünfunddreißig Jahren. Er verstarb Ende Juni während eines Aufenthalts auf La Réunion. Sein Leichnam wurde auf die Seychellen überführt und am 3. Juli auf dem Friedhof seiner Heimatgemeinde auf Mahe beigesetzt. Er hinterlässt eine Ehefrau, einen Sohn sowie einen Enkelsohn. Der Franzose setzte 1977 erstmals seinen Fuß auf die Insel und fühlte sich laut seiner einheimischen Frau Lucie seitdem als Seychellois. Frau Martinez betonte, dass sie die Vermietung der neun Gästezimmer und den Restaurantbetrieb im Sinne ihres Mannes weiterführen werde. Es sei ihrer beider Lebenswerk.

So lautete die Bekanntgabe einer auf der Insel ansässigen Tageszeitung, auf die ich ein Jahr später im Internet stieß.

Warum wir in der Vergangenheit immer wieder bei Martinez gelandet waren, gab mir lange Zeit Rätsel auf. Seine

Auberge befand sich unmittelbar an der Küstenstraße in einer mit Tang und Schwemmgut verschmutzten Bucht. Die Unterkunft war bescheiden, fast schon heruntergekommen, und das Ehepaar gab sich eher reserviert als gastfreundlich. Jean-Claude hatte in einem Frachthafen in der Bretagne gearbeitet, bevor es ihn als Seemann in den Indischen Ozean verschlug. Auf den Seychellen lernte er Lucie kennen, blieb und nahm als ersten Broterwerb die Schwertfischjagd auf. Sie entwickelte sich mit den Jahren zu einer Obsession, die ein Leben lang anhielt. Vom Dachgebälk seines Restaurants, an Drähten befestigt, baumelten die Kiefer und Präparate der Ungeheuer über den Köpfen und Tellern der speisenden Gäste. Bilderrahmen mit Fotografien der Beutezüge waren vom Eingangsbereich bis in die Fremdenzimmer hinein allgegenwärtig. Jeder konnte an den glücklichen Momenten des Monsieur Martinez teilhaben. Ein Mann auf seinem Boot mit seinen Trophäen.

Ansonsten bekam man den Hausherrn eher selten zu Gesicht. Gelegentlich in den Morgenstunden, wenn er sich im Gartenhäuschen am Eingang der Anlage mit Abrechnungen beschäftigte, oder am Abend, wenn er mit seiner Frau, abseits der Gästetische, vor der Küche dinierte. Schnell und stumm, dann ging jeder wieder seines Weges. Zwei gegensätzliche Wesen, die kaum als

Gespann auftraten, die meist zu unterschiedlichen Zeiten ihren Aufgaben in der Auberge nachgingen und überdies auch optisch ein ungleiches Paar abgaben. Jean-Claude, ausgestattet mit Größe und Korpulenz, neigte zu einer Gesichtsfarbe, die auf eine Hautkrankheit oder Hypertonie schließen ließ. Er glich mit seinem unfrisierten Haar und der von der Sonne ausgeblichenen Kleidung immer noch eher einem Seemann, als einem Wirt. Lucie hingegen war ein Persönchen mit anorektischer Neigung, versuchte dies aber durch das Tragen weit geschnittener Stoffe zu kaschieren. Ihre Gesichtszüge waren indisch-afrikanischer Prägung. Das Kraushaar steckte sie zu einem Knoten zusammen, und auf ihrer Nase thronte ein fettes Brillengestell. Sie machte sich ständig und überall Notizen auf Zetteln oder in Büchlein. Die Wahrscheinlichkeit, dass sich ihre Blicke mit denen der Gäste kreuzten, war gering. Wandte man sich direkt an sie, reagierte sie freundlich, aber nie zuvorkommend. Sie überließ den Gästekontakt gerne den Zimmermädchen und Kellnerinnen.

Eine Mauer schirmte das Terrain der Familie Martinez von der unwirtlichen Umgebung ab. Nicht nur den Lärm der durch das Straßendorf donnernden Fahrzeuge, auch die Geschöpfe, die sich nebenan im Drugstore mit Branntwein eindeckten und ihn rund um die Uhr am

Wegesrand in sich hinein kippten, galt es, fern zu halten. Wollte man auf das Grundstück gelangen, musste man ein Stahltor passieren und bekam für die Tage des Aufenthalts einen Sicherheitscode zugewiesen. Dahinter erschloss sich ein Garten von überschaubarer Größe. Hibiskusbüsche säumten einen verbrannten Rasen, in dessen Zentrum ein Bassin eingelassen war. Lotusblüten und Schildkröten dümpelten in dem vermoosten Betonbecken vor sich hin. Um die Grasfläche gruppierten sich weiß getünchte, in die Jahre gekommene Wohnhütten, die durch einen Veranda-Umlauf miteinander verbunden waren. Ein überdachter Freigang führte zu einem Holzpavillon, der das Restaurant im hinteren Teil des Gebäudekonglomerats beherbergte. Trotz oder vielleicht wegen ihrer morbiden Substanz versprühte die kolonial angehauchte Architektur der Anlage dennoch ein Quäntchen Flair.

Durch das Restaurant hatte Martinez sich auf der Insel einen Bekanntheitsgrad erarbeitet. Morgens wurde den Übernachtungsgästen ein schlichtes Frühstück aufgetragen. Abends jedoch, geschickt illuminiert und mit eingedeckten Tischen aufwartend, verwandelte sich der von Blütensträuchern und Vogelgezwitscher umgebene Ort zu einem atmosphärischen und kulinarischen Kleinod. Kellnerinnen in Schürzen und Spitzenhauben entkorkten Weine aus Südafrika und servierten franzö-sisch-kreolische Geschmackskompositionen. Die Speisekarte bot für ein Lokal knapp zweitausend Kilometer vom Festland entfernt außerordentlich raffinierte Kost. Geschäftsleute und Botschaftsangehörige aus dem Hauptstädtchen Victoria überquerten noch in der Finsternis die Berge, um bei Fledermauspastete und Krebsen auf Ingwerschaum Abwechslung von der gängigen Inselküche zu finden. Alternativen gab es an diesem Küstenstreifen nicht, und so nahm auch ein Großteil der Hausgäste allabendlich an den Tischen von Martinez Platz. Ein artenreiches, überwiegend europäisches Publikum. Weniger die Honeymooner und Hobbytaucher. Hier begegnete man Individuen, die auf der Suche nach Ausgleich, Veränderung oder Profit waren. Entwurzelte, frisch Getrennte, Tourismus-Scouts, viele davon mit großen Plänen. Vor allem eine Spezies, von der ich angenommen hatte, sie sei längst ausgestorben, tummelte sich hier immer wieder. Missionare und Frömmler in allen Konstellationen. Im Familienverband, als Ehepaar oder als einsame Wölfe verbrachten sie die ersten Nächte bei Martinez, bevor sie zu den äußeren Inseln aufbrachen.

Trotz des Tropenambientes und der ausgefallenen Küche herrschte eine seltsame Stimmung in der Anlage.

Der Austausch untereinander war bescheiden. Die Gäste kreisten um sich selbst, waren zu verschieden, vielleicht nicht lange genug vor Ort, und die Wirtsleute zu distanziert um zu verbinden. Das warme Gluckern und der Wortwitz von Albertine, der üppigen Kellnerin mit Zahnlücke, heiterten das zufällige Miteinander hin und wieder etwas auf. Sie war eine, die wusste, wo sie hingehörte und was sie wollte. Ihrer Tochter eine Ausbildung in Victoria ermöglichen und peu à peu ihr Häuschen im Nachbardorf fertigstellen.

Die meisten Gäste zogen nach wenigen Tagen weiter auf andere Inseln des Archipels. Auf abgeschiedenere, auf exklusivere. Wir blieben immer auf Mahe.

Seit unserem letzten Besuch waren Jahre verstrichen, und es wuchs die Sehnsucht, zu den Buchten und Nebelwäldern der Insel zurückzukehren. Auch diesmal nicht in ein Luxusresort oder eine beliebige Apartmentanlage. Wieder in die Auberge von Martinez. Vielleicht auch aus Gewohnheit. Am Weihnachtsmorgen läuteten wir am Tor. Eines der Mädchen öffnete und brachte uns zu der Hütte, in der wir bereits bei unserem ersten Aufenthalt übernachtet hatten. Die Einrichtung bot Gewohntes, war aber abgewohnter denn je. Im Bad existierte noch immer dieser Zahnputzbecher zwischen dessem doppelwandigen Acrylglas ein blauer Glibber mit Plastikfischen schwabberte. Der Schlafraum war ungelüftet, der Deckenventilator hinkte, und so gingen wir erst einmal hinüber ins Restaurant, auf der Suche nach einem Glas Wasser oder einem bekannten Gesicht. Gäste saßen in Strandkleidung beim Frühstück. In ihrer Mitte thronte eine mit Lametta und Kugeln beladene Plastiktanne. An den Holzstützen kletterten rhythmisch zuckende Lichterketten bis in die Dachkonstruktion empor und umgarnten eine mit Kunstschnee besprühte Armada von Schwertfischen - als hätte sich jemand Mühe gegeben, das Vermächtnis von Monsieur Martinez in Szene zu setzen. Im Gartenhäuschen trafen wir auf seine Witwe. Ein Händedruck, ein routiniertes Willkommen, Lucie machte nicht den Eindruck, als würde sie sich an uns erinnern. Eineinhalb Jahre waren seit dem Tod ihres Mannes vergangen, weder sie noch wir sprachen es an. Warum auch, ein persönlicher Austausch war ihr immer schon unangenehm gewesen. Ihr Körper wirkte gesünder, und sie trug nun kurzes Haar, ein Etuikleid und Absätze. Sie sagte, am Abend könne man nicht à la carte bestellen, es gäbe ein Weihnachtsmenü. Anmelden müssten wir uns jetzt.

„Happy Noël, Happy Noël", ein lokal produzierter Christmas-Song mit Reggae-Beats und einfältigen Refrains lieferte im Wiederholungsmodus den musikalischen Beitrag in dieser Heiligen Nacht. Mit Santa-Claus-Mützen auf ihren schwarzen schwitzenden Häuptern hetzten die Kellnerinnen zwischen den Gästetischen umher. Das Menü bot nichts Neues und setzte sich aus Bestandteilen der Speisekarte zusammen. Drüben an Lucies Tisch gab es indes eine Veränderung. Sie war in Begleitung eines Heranwachsenden gekommen, der den Platz von Jean-Claude eingenommen hatte. Er trug eine gute Hose und ein weißes Hemd. Das Kraushaar war das gleiche wie das von Lucie. Die beiden sprachen vertraut miteinander, wie zwei, die aus einem Holz geschnitzt sind. Nachdem sie gegessen hatten, machte Lucie einen Rundgang durch das Restaurant und richtete obligate Worte an ihre Gäste. „How are you? Enjoy your dinner". Es war Weihnachten, irgendetwas musste sie sagen. Dann ging sie zu ihrem Tisch und blies die Kerze aus.

Die Woche nach Weihnachten verging mit dem Aufsuchen von bekannten und dem Erkunden von neuen Gegenden. Meist kehrten wir erst mit der Dämmerung in die Auberge zurück, verbrachten die Abende im Restaurant und gaben uns der immer gleichen Stimmung, der immer gleichen Speisekarte und bis zum Überdruss dem schlecht gekühlten Chardonnay hin. Abgerundet durch die beständige Heiterkeit von Albertine, der Kellnerin, konnte man es fast Geborgenheit nennen. Auch Lucie saß jeden Abend in gleicher Gesellschaft an ihrem Tisch. Der junge Mann kam mit ihr, aß mit ihr und ging mit ihr.

Dann kam die Silvesternacht. Das Restaurant war bereits am Nachmittag von seinen Weihnachtsstaffagen befreit worden. Das Gebälk zeigte sich nackt - selbst die für eine Ewigkeit drapierten Schwertfische von Martinez fehlten. Zwischen den Tischen hatte man Platz geschaffen für ein mit folkloristischen Stoffen bezogenes Podest. Ein Buffet wurde darauf angerichtet. Nach und nach brachten die Kellnerinnen Keramikschüsseln und dampfende Kasserollen aus der Küche. Die Vielfalt der Salate, der Duft der Currys und Eintöpfe waren so betörend, dass die Gäste sich von ihren Tischen erhoben und um die Zubereitungen scharten. Nachdem ein Großteil der Speisen aufgetragen war, schob sich Lucie mit dem Jungen an der Hand durch das Getümmel und bestieg einen Hocker. Alles schimmerte an ihr, ihr Seidensari, ihr Schmuck und ihre Augen. Sie faltete die Hände und wandte sich an ihre Gäste. „Ich freue mich, dass Sie heute Abend zu uns gefunden haben." - Zwei Köche hievten auf einer Silberplatte einen mit Blüten dekorierten Schwertfisch durch die Menge und platzierten den Koloss in der Mitte des Podestes. Die Umstehenden applaudierten. Lucie lächelte, legte ihren Arm um die schmale Hüfte ihres Begleiters und fuhr fort: „Dies ist mein Enkelsohn Julien. Er präsentiert Ihnen heute Abend sein erstes Werk. Viele Wochen hat er die traditionellen Rezepte meiner Familie recherchiert, studiert und zusammen mit den Köchen vorbereitet." Dann puffte sie ihn in die Seite, und Julien begann mit brüchiger Stimme, die Zutaten der Gerichte zu benennen und ihre Zubereitungsarten vorzutragen. Er öffnete die letzten Deckel und steckte Holzkellen in die heißen Töpfe. Ich war mir sicher, dass hier gerade die Inthronisierung des jungen, eines neuen „Martinez" stattgefunden hatte.

Kurz vor Mitternacht, auf der Schwertfischplatte häuften sich nur noch Knochen und Hautlappen, wurde den Gästen das Dessert serviert - die Spezialität von Jean-Claude Martinez, sein legendäres Passionsfrucht-Soufflé. Lucie und Julien waren da bereits in die Dunkelheit entschwunden.

Am Neujahrsmorgen endete unsere Zeit in der Auberge. Wir räumten die Hütte und deponierten das Gepäck bis zum Abflug am Abend im Gartenhäuschen. Bei unserem letzten Besuch arbeitete Martinez hier noch an seinem Pult, umgeben von einem Sammelsurium aus Meeressouveniers, Tauen und Angelhaken. An den Wänden

Seekarten mit abgesteckten Routen und Fotografien von seinen ersten Jahren auf der Insel. Neben den Schwertfischabenteuern, waren es die privaten Momente mit seiner Frau und Freunden, die hier in Wechselrahmen vergilbten. Lucie singend mit einer Hibiskusblüte im offenen Haar und einer Ukulele auf dem Schoß, beide mit ihrer Clique ausgelassen am Strand. In der Vergangenheit hatte ich den Raum gelegentlich betreten um Martinez etwas zu fragen, oder mir ein Buch aus dem Regal in der Ecke auszuleihen. Nun, da er tot war, strahlte der Raum mit seinen Hinterlassenschaften etwas fern Fremdes, etwas Museales aus. Der Augenblick war günstig, alles noch einmal ungestört zu betrachten, denn ein Abschied lag in der Luft, ein Abschied von etwas, das mich doch angezogen hatte. Vielleicht war es die undurchschaubare Schwermut des Paares, die nicht böse war, kombiniert mit einer Mischung aus unverwechselbaren Fähigkeiten und Schwächen. Die beiden hatten mehr von sich preisgegeben, als ihnen vermutlich bewusst war.

Die Ruhe brach, meine Gedanken zerstoben, als sich Schritte dem Gartenhäuschen näherten und ein Mann durch den Türrahmen trat. Der Untersetzte trug Collegeslipper, karierte Shorts und ein Polohemd mit aufgestelltem Kragen. Als er mich neben den Koffern erblickte, schmunzelte er. „Hallo, wie geht es Ihnen? Ich möchte Sie nicht erschrecken, aber ich muss hier ein paar Dinge ablegen." Er zog ein Dokumentenmäppchen aus billigem Leder unter dem Arm hervor und deponierte es zusammen mit einer Plastiktüte auf dem Schreibtisch von Martinez. „Ich sehe, Sie reisen ab, hatten Sie eine angenehme Zeit? Ihr erster Aufenthalt in der Auberge?" Er zwinkerte mir verschwörerisch zu. Widerwillig antwortete ich, dass wir in der Vergangenheit des Öfteren hier untergekommen seien. „Oh, dann kannten Sie Jean-Claude und seine phänomenale Küche? Was halten Sie von den Frauen hier, machen sie ihren Job gut?" Ich vermutete, einen dieser umtriebigen Tourismus-Scouts vor mir zu haben und zeigte kein weiteres Interesse an einem Gespräch. Er bemerkte meine Bereitschaft zu gehen. „Entschuldigen Sie bitte!", ruderte er zurück, „mein Name ist Jack, ich bin seit genau neun Stunden der neue Eigentümer der Auberge. Ursprünglich komme ich aus Sidney, habe aber in den letzten Jahrzehnten Hostels in Südostasien aufgebaut. Nun lebe ich auf Mahe und bin froh, dass es mit der Übernahme der Anlage doch noch geklappt hat."- „Wieso doch noch geklappt hat?", unterbrach ich seinen Redefluss mit harscher Verwunderung. „Ok, ich muss etwas weiter zurückgehen. Vor zwei Jahren begannen meine Verkaufsverhandlungen mit dem Ehepaar Martinez, dann traf uns der plötzliche

Tod von Jean-Claude, und Lucie zog sich kurz vor der Übergabe zurück. Sie brauche Zeit, sagte sie. Ich beschloss zu warten. Es hat sich gelohnt." Der Mann rieb sich über sein schweißvernebeltes Brusthaar, das aus dem Ausschnitt des mit bedeutungslosen Patches benähten Shirts barst. „Aber Lucie und Julien?", fragte ich. - „Lucie lebt bereits seit geraumer Zeit in den Bergen, zehn Minuten von hier, zusammen mit einem neuen Partner. Der Junge wird aufs Festland gehen und eine Hotelfachschule in Mombasa besuchen." Mehr wollte ich nicht hören, dankte Jack für seine Offenheit, wünschte ihm Gelingen und entwich seiner Person sowie der Aura von Martinez.

Ich entschied mich, noch einmal zu unserer Hütte zu gehen. In ihrer Nähe stand ein Limettenbaum. Albertine erzählte mir vor Jahren, dass das Ehepaar Martinez ihn zur Grundsteinlegung der Anlage gepflanzt hatte, lange bevor Geld vorhanden war, um den Garten fertig anzulegen. Ich öffnete meine Tasche, pflückte in Windeseile alle Früchte von den dornigen Ästen, die meine Hände erreichen konnten und stopfte sie hastig hinein. Dann eilte ich zurück über den Rasen, vorbei am Gartenhaus, passierte das Tor, überquerte die Straße, und blieb vor dem Auto stehen, das auf einer Schotterfläche am Meer geparkt war. Hier wartete mein Mann auf mich, er stand etwas abseits und telefonierte bereits nach Deutschland. Es war windig, schachtelhalmartige Zweige brachen von den Kasuarinen und wirbelten über die am Ufer zerschellenden Wellen. Ich kletterte auf einen der Granitfelsen und blickte auf die Bucht hinaus. Meine Augen suchten Etwas - und ja, es war noch da. Draußen auf der unruhigen See schaukelte unverdrossen, gehalten von seinem schweren Anker, das Boot von Jean-Claude Martinez.

DER BESUCH

Mit beiden Füßen fest im Sand. Der Blick auf den Golf war makellos. An den Flanken der halbmondförmigen Bucht streckten sich Felszähne mit gespenstisch schönen Licht- und Schattenspielen dem Himmel entgegen. Sanfte Wellen strichen über den Strand und tätschelten die Überbleibsel verwitterter Muscheln und Korallen. In der Nacht angespülte, leuchtend grüne Seealgen säumten für einen Augenblick den Übergang vom Wasser zur Wüste. Bald würden sie zu Stroh verdorren. Ein pittoresker Flecken Erde offenbarte sich mir, hier und jetzt, am frühen Morgen.

Inmitten dieser Beschaulichkeit begann sich ein marginales Etwas vom Horizont zu lösen. Es schien Richtung Arabische Halbinsel zu streben. Nach einer Weile zeichneten sich Konturen ab, die sich jedoch immer wieder mit der flimmernden Luft über dem Meer vermengten. Solange das Objekt sich auf offener See genähert hatte, hatte ich es lediglich aus Schaulust verfolgt. Nun aber, da es zu einem Koloss aus Stahl angewachsen war, der unmissverständlich auf die Bucht zusteuerte, überkam mich eine tiefe Beklommenheit. Nahe der Uferlinie brachte er seine Maschinen zum Stillstand. Seltsam einsam und Furcht einflößend thronte der mit tödlicher Technik bestückte Kreuzer vor mir auf dem Wasser. Von Angesicht zu Angesicht, so hatte es den Anschein. Hier, in einer Bucht von vielen, an einer schier endlos langen Sand- und Felsküste.

Eine Weile geschah nichts, dann wurden Schlauchboote mit Außenbordern herabgelassen. Zunächst tummelten sie sich im Schutze des Mutterschiffs, dann lösten sich einzelne aus dem Verband und preschten dem Festland entgegen. Binnen Kurzem würden sie mit ihren vermummten Besatzungen den Strand erreichen. Ungute Gedanken und kaltblütige Bilder medialen Ursprungs befielen mich. Hinter mir befand sich ein „geeignetes Objekt". Abhängig von der Gesinnung des Betrachters würde ein Inferno an diesem Ort mancherorts für Jubel, weltweit aber für abscheuliche Schlagzeilen sorgen. Der schlechteste aller Filme hatte begonnen, und ich befand mich mittendrin. Ich verharrte einen Moment, ein selten verlorener Moment in meinem Leben.

Abrupt drehte ich mich um, wandte mich den spielenden Kindern zu. Packte sie an ihren dünnen Armen, fing an, mit ihnen zu laufen, es gelang uns nicht im Takt. Ein Gestolpere und Gezerre durch den Sand die Böschung hinauf. Oben erreichten wir festen Boden und hasteten weiter über verschwenderisch ausgelegte Marmorflächen. Auf unserem Weg durch die Gartenanlage begegnete uns niemand in diesen Morgenstunden, dem ich mich hätte anvertrauen können. In einiger Entfernung kraftlose Gestalten, die Blätter aus einem Pool fischten und Verblühtes von Sträuchern zupften. Die Routine ihrer Arbeit vermochte mich nicht im Geringsten zu beruhigen, denn schon schoss ein Helikopter hinter den Felsen hervor und begann, in gnadenlos niedrigen Runden das Gelände zu observieren. Ein Sturm aus Lärm und Wind überzog den mit Palmen gespickten Garten. Eine Landung schien unmöglich. Bärtige, mit geschulterten Schnellfeuergewehren, begaben sich in Position, um an einem Seil auf den englischen Rasen herabgelassen zu werden. Wir brachten die letzten Meter hinter uns, gaben das Gelände auf und stürmten geradewegs durch den gläsernen Zugang eines titanenhaften Ferienpalastes.

Weiter ging es. Durch den noch gästeleeren Speisesaal, vorbei an den Aufbauten des Frühstücksbuffets. Durch einen langen fensterlosen Flur, berieselt von Schubert-Sonaten. Durch den vereinsamten Trakt der Luxusboutiquen, unverzüglich hinein in das Herzstück des sakral anmutenden Bauwerks.

Wir landeten in einer Kulisse aus Tausendundeiner Nacht. In der pathetisch aufragenden Atriumhalle, üppig herausgeputzt und verschwenderisch illuminiert, huschten wir wie Zwerge über die prachtvollen Mosaikböden. Polierroboter schwirrten umher und zwangen den Steinchen, wie an jedem anderen Morgen, ein Strahlen auf. Die sonst zuvorkommenden Rezeptionisten im Empfangsbereich, denen ich das sich draußen Zusammenbrauende vermitteln wollte, fertigten mich flüchtig ab. Es sei alles in Ordnung. All das was ich außerhalb des Hotels wahrgenommen hätte, seien lediglich Vorkehrungen der Königlichen Marine zum Schutz einiger Gäste im Haus. Mein Nachhaken blieb vergebens und wurde mit einem stummen Lächeln erwidert.

Im Laufe des Tages geschahen sonderbare Dinge im Gebäude. In der obersten Etage befand sich ein Bereich mit luxuriös ausgestatteten Suiten und Konferenzräumen. Seit Kurzem war er mit Holzstühlen versperrt. Gelegentlich verließen Herren in dunklen Anzügen und Stehkrägen die mit schweren Teppichen gedämpfte Zone. In den Gästefluren positionierten sich in dezenten Abständen Männer in weißer Landestracht. Ernste Typen, unter deren bodenlangen Dishdas es dann und wann im

Hüftbereich blinkte, brummte oder piepste. Bemüht um Diskretion verbargen sie unter den Kaftanen auch ihre Handschusswaffen, deren Konturen sich bei dem einen oder anderen jedoch unter dem Stoff abzeichneten.

In der Halle ging es außergewöhnlich geschäftig zu. Von einer die Kuppel umschließenden Galerie beobachtete ich das Treiben aus der Vogelperspektive. Menschen, die bis dato nicht ins Hotel gehörten, bevölkerten es nun in Heerscharen. Emsigen Ameisen gleich querten und kreuzten sie den Zentralbau. Sie beförderten Akten, Laptops und Handkoffer von hier nach dort. Kleine Gruppen von ihnen rasteten in schwülstigen Sitzecken, die gekonnt den One-million-dollar Springbrunnen umspielten. Unter meterhohen Kronleuchtern aus böhmischem Bergkristall steckten die Männer in den Anzügen und die Männer in den Kaftanen ihre Köpfe zusammen. Verschleierte Assistentinnen widmeten sich am Rande der Geschehnisse ihren Tablets und Diktiergeräten. Die auch noch in der Halle herumspazierenden westlichen Wesen in Strandkleidern und Shorts wirkten wie in Vergessenheit geratene Statisten aus einem früheren Set.

Hunderte der Fremdlinge würden mittlerweile auch die nahe Hauptstadt des Sultanats bevölkern, so hieß es. Den ganzen Tag fuhren verdunkelte Luxuslimousinen deutscher Herkunft vor dem Hotel vor und wieder ab, luden Menschen ein und andere wieder aus. Am Nachmittag plauderte meine Tochter vor dem Fahrstuhl und während der Abwärtsfahrt mit einem Herrn der Anzugsfraktion. Der Spitzbärtige sprach mühelos Deutsch mit einem weichen Akzent. Er strich ihr zum Abschied über den Schopf, bevor ein streng dreinblickender Hüne ihn in der Halle aus dem Lift geleitete. Mit ähnlichen Erlebnissen und Beobachtungen schritt der Tag voran. Die Bedrohung vom Morgen war verpufft, aber nichts war mehr wie bisher.

Dann kam der Abend. Vor den Hotelzimmern wurde druckfrisch wie immer zu dieser Stunde die Times of Oman ausgelegt. Bisher hatte ich dem Blatt kaum Beachtung geschenkt, heute jedoch waren die Headlines besonders fett und die Fotos auffallend groß und bunt. Das Land hatte Besuch bekommen, Staatsbesuch. Seit dem Morgen hielt sich der Präsident der Islamischen Republik Iran als Gast des Sultans in dessen Stadtresidenz auf. Hochrangige Mitglieder der iranischen Delegation seien in einem nahen Palasthotel am Meer untergebracht worden, verriet eine Randnotiz.

Die Gastgeber trugen über ihren Gewändern aufwendig bestickte Mäntel. Turbane aus gemusterten Tüchern und mit Edelsteinen besetzte Krummdolche vervollständigten die Aufmachung der Omani. Die Gäste aus dem Iran waren ihrem krawattenlosen Schwarz treu geblieben. In thronähnlichen Sesseln sprach man über Freundschaft, Wirtschaftsbeziehungen und sicherlich manch anderes mehr. Auf prachtvollen Plätzen, ausstaffiert mit der Leibgarde des Herrschers, zollte man sich seinen Respekt und huldigte einander mit poetischen Worten. Wieder und wieder war der Sultan mit seinem fein geschnittenen Gesicht und seinem silberfarbenen Bart auf den Bildern präsent. Seine Augen funkelten heute unaufhörlich vom dünnen Papier.

Chronologisch wurden die Ereignisse des Tages zusammengefasst, vom Zeitpunkt des Aufsetzens der iranischen Präsidentenmaschine auf omanischem Hoheitsgebiet bis hin zur Speisenfolge des Staatsbanketts. Ganz zum Schluss entdeckte ich auf einer der Fotografien den Herrn aus dem Fahrstuhl wieder. Platziert vor einem mächtigen Blumengesteck, beim Bruderkuss mit seinem Amtskollegen. Es war ein Minister aus dem Iran, dem meine Tochter am Mittag zwischen acht Stockwerken so unverblümt ihre Kinderfragen gestellt hatte.

Auf diesem Flecken Erde hatte sich heute alles um den Besuch der iranischen Nachbarn gedreht. Es war der erste Besuch dieser Art. Er sei wichtig für die ganze Region, hieß es. Es ging noch zwei, drei Tage so weiter. Wir packten am nächsten Morgen unsere Sachen und brachen in die Wüste auf. Als wir zurückkehrten, war alles vorbei.

Wenige Tage später, zurück in Deutschland, suchte ich vergebens nach einer Berichterstattung, Einschätzung oder zumindest einer Notiz zu dieser Zusammenkunft. In den westlichen Medien war dieses Treffen nicht existent. Andere Ereignisse aus dem Nahen Osten hingegen schon.

DAS LEBEN

Die Sonne brannte. Der Mann schien daran gewöhnt. Ein Geflecht aus Linien verband die Furchen in seinem Gesicht. Wie eine Ziehharmonika gebar sich der Hals. Die gebräunten Arme waren von Malen übersät und gingen über in zwei kranke Hände. Der Blick auf die Finger schmerzte. Aber sobald der Alte diese Hände benutzte, funktionierten sie, und er steuerte das Boot routiniert übers Wasser. Er sprach mit ihm wie mit einem Hund, gab ihm Anweisungen, lobte es, wenn eine Richtungsänderung gelungen war, und rügte es, wenn ihn ein Manöver nicht zufriedenstellte. Er erboste sich über den Müll, die Plastikflaschen und die Zellulosefetzen, die an dem Segelschiff vorbeitrieben.

Seine Hélène war ein Einmaster, ein eleganter aus Mahagoniholz, keines dieser pflegeleichten Kunststoffboote. Ihr betagter Rumpf wies Blessuren auf, die Segel trugen Grau, aber sie glitt wie eine Königin über das Wasser.

Auf dem Schädel des Mannes war eine Schirmmütze der marins francais in Schräglage geraten. Dünne Haarsträhnen lugten hervor. Seine Rippen zeichneten sich unter einem Trägerhemd ab, wie ich es bei Marinesoldaten im Hafen von Toulon gesehen hatte. Dieses Exemplar befand sich jedoch im Zustand der Zersetzung und entstammte, seines Aufdrucks nach, einer vergangenen Generation von Seemännern. Einer, die noch regelmäßig die Überseegebiete der „Grande Nation" angesteuert hatte, die in den mystischen Buchten Französisch-Polynesiens vor Anker gegangen war, oder deren Matrosen sich an puderweißen Stränden auf Guadeloupe und Martinique vergnügt hatten.

Hélène verlor an Fahrt, Mast und Großbaum begannen zu schwanken, die Segel flatterten. Nichts ging mehr, sie schaukelte wie eine Betrunkene über dem flaschengrünen Grund. Als der Mann bemerkte, dass er die Kontrolle über sie verloren hatte, begann er, an einem Kasten zu rütteln. Seine Finger knipsten hin und her, aber Hélène verweigerte sich seinen Kommandos und trieb mit der Breitseite auf eine Mauer zu. Der Kapitän schlüpfte aus seinen Gummisandalen, krempelte die Hosenbeine hoch und stieg ins Wasser. Er watete durch das kniehohe Nass, bis er Hélène nach wenigen Metern erreicht hatte, hob sie behutsam hoch und brachte sie an Land. Dort trocknete er ihren Körper mit einem Handtuch ab. Im Wechsel begutachtete er erst Hélène, dann den Kasten, dann wieder Hélène. Schließlich zog er ein Klappmesser aus der Hosentasche, schraubte mit der Klinge den Deckel auf der Rückseite des Kastens auf, griff erneut in die Tasche und zog drei Batterien hervor.

Er interessierte sich nicht im Geringsten für das Drumherum, und das Drumherum interessierte sich nicht für ihn. Da liefen sie, die Chinesen, Russen und Amerikaner, die ganze Welt lief an ihm vorbei. Mit Wasserflaschen und Tagesrucksäcken ausgestattet, kamen sie hordenweise aus dem Louvre herüber, hatten zuvor ihre Liebesschlösser auf dem nahen Pont des Arts angebracht, und eilten nun in der Augusthitze durch den Jardin des Tuileries, um dann am Ausgang des Parks in einen der Touristenbusse zu steigen, der sie weiter zu den Champs-Élysées, dem Eifelturm, und all den anderen Hotspots von Paris befördern würde. Ja, sie sahen ihn nicht, und er sah sie nicht. Er strich Hélène über den Rumpf, zupfte an ihren Segeln, murmelte ihr aufmunternde Worte zu. Dann hob er sie über die Einfassung des barocken Bassins, setzte sie zurück auf die Wasseroberfläche, nahm den Kasten in die Hand und schon schnurrte Hélène von dannen.

Etwas abseits stand eine Sackkarre auf dem Kies, darauf ein Lederkoffer, der Größe nach zu urteilen Hélènes Heim. Das antike Stück war tapeziert mit Aufklebern exotischster Destinationen und Häfen. Ob Hélène den Seemann damals schon begleiten durfte, schien fraglich, vermutlich aber eher nicht.

DIE WÜSTE

In meiner unmittelbaren Umgebung geschah nicht viel. Vereinzelt umgaben mich Herren mit Pomade getränkten Scheiteln in Baumwollhemden und Bundfaltenhosen. Auf ihren Schößen verwahrten sie Aktenkoffer mit Zahlenschlössern oder Sporttaschen im Stil längst vergangener Zeiten. Manch einer von ihnen schien vertieft in Bündel abgegriffener Geschäftspapiere. Andere wiederum hielten sich die kurz zuvor vom Schaffner verteilte Hindustan Times vors Gesicht.

Am Wochenende hatte ein Kricketstar die Tochter eines Ministers in Neu-Delhi geheiratet. Nun am Morgen danach wurden die Leser über eine prunkvoll inszenierte Hochzeit zweier bildschöner Menschen aus der Upperclass der indischen Metropole in Kenntnis gesetzt. Die Zeitung war voll mit den Neid erweckenden Bildern einer scheinbar gelungenen Verbindung.

Die Klimaanlage stieß seit geraumer Zeit einen eisigen Luftstrahl in den Waggon. Er zog an meinem Nacken vorbei und ließ ihn zunehmend erstarren. Ich sehnte mich nach der Wärme und Lebendigkeit des erwachenden Tages dort draußen, aber mir blieb lediglich der Blick durch eine schmutzverkrustete Fensterscheibe. Kleine Ausschnitte ließen die Sicht auf Sandberge und Felsformationen zu. Zeigten sich anfangs noch mühsam bewirtschaftete Äcker, die versuchten, der nahenden Wüste zu trotzen, konnten sich mittlerweile nur noch Dornbüsche behaupten. Meine Augenschlitze wiegten sich träge im Rhythmus der aufsteigenden und fallenden Dünung. Ein glühender Morgenhimmel war gerade dabei, auseinanderzubrechen und sich in eine milchige Suppe aufzulösen. Der Zug durchquerte gemächlich die Einöde, wobei er dann und wann in staubbedeckten Provinznestern mit unaussprechlichen Namen hielt.

Nach einem Stopp in einem Oasenstädtchen hatten wir wieder Fahrt aufgenommen. Es verging eine Ewigkeit, bis die altertümliche Lokomotive die Waggonkette mit gewohntem Tempo durch das Sandmeer zog. Da wurde das gleichmäßige Rattern der Eisenräder plötzlich übertönt. Die hinter mir liegende Abteiltür riß auf und knallte, von einem Luftzug gefolgt, in ihren dünnen Rahmen zurück. Feste Schritte, vermutlich von Ledersohlen verursacht, klatschten über den Linoleumboden. Ein diesseitiges Wesen huschte durch mein jenseitiges Wüstenpanorama und blieb stehen. Es spiegelte sich im Fensterglas. Meine Pupillen verließen die Weiten Rajastans. Große schwarze Augen zielten auf mich und okkupierten meine kleinen blauen. Der Sitz neben mir war frei geblieben, jedoch nur einer von vielen an diesem Morgen. Ein gut genährter Wohlstandskörper ließ sich darauf nieder und schon schoss mir seine Hand entgegen. „My name is Rajesh, but call me Richi - that's easier", forderte mich der Pausbäckige auf. Ehe ich mich versah, war ich den üblichen Vier-Worte-Fragen zu Herkunft, Beruf und Reiseroute ausgesetzt. Routiniert beantwortete ich sie mit den üblichen Vier-Worte-Antworten.

Inmitten der Wüste Thar, in einem in Grautönen gehaltenen Abteil, unter unscheinbaren Mitreisenden wirkte der junge Typ in seinen bonbonfarbenen Designerklamotten wie aus der 1980er-Jahre-Welt von Miami Vice hierher gebeamt. Seine Armbanduhr war Schweizer Luxus, sein Aktenkoffer aus dem Leder einer bei uns geschützten Tierart. Statussymbole, die ihm in bestimmten Kreisen ein paar Jahre Souveränität mehr geben mochten. Er musterte das Umfeld. Es war ruhig. Erst nestelte er an seinen Knien, dann rückte er näher. Sein Arm landete wie eine Schranke auf der Rückenlehne meines Vordermannes und schloss mich ein. Ohne meine Reaktion oder weitere Gesprächsbereitschaft abzuwarten, begann er von sich zu erzählen.

Rajesh war sechsundzwanzig Jahre alt und Maschinenbauingenieur. Im Auftrag der Indian Oil Corporation, reiste er zu Wartungskontrollen von Pipelines durch die Provinz. Ein Job mit attraktiven Extraboni. In seiner Heimatstadt Delhi lebte er als Junggeselle noch im Haus seiner Eltern und Großeltern, einer alteingesessenen Juristenfamilie. Der Bruder hatte das Land nach dem Studium verlassen und in den USA Karriere gemacht. An der Westküste hatte er eine chinesischstämmige Kanadierin kennengelernt. „Indischer und pazifischer Ozean zusammen waren damals Distanz genug, um die Einwände meiner Eltern gegen diese Ehe zu ertränken."

Während er seinen letzten Worten nachhing, schaffte ich es, meinen verrückten Körper wieder aufzurichten und etwas Wasser zu trinken. Just begann er, mit seinen fleischigen Fingern auf den Rand meines Sitzpolsters zu trommeln, und legte den nächsten Gang ein.

Da gab es seit geraumer Zeit eine junge Frau in seinem Leben. Er hatte die Schwester eines Kommilitonen bei einem Ehemaligentreffen auf dem Uni-Campus kennengelernt. Aus diesem Zusammentreffen war mehr entstanden. Nun waren die beiden entflammt füreinander und unglücklich wegen einander zugleich. Sie wussten, dass man sie bereits für andere Partner vorgesehen hatte - spät dran waren sie ohnehin schon. Die Verhandlungen von Umas Familie mit der eines gewissen Prajit standen unwiderruflich vor dem Abschluss. Nichtsdestotrotz trafen sie sich unbemerkt im tiefen Großstadtdschungel. Ihr „place" befand sich in einem unscheinbaren Betonkomplex inmitten Old Delhis. Belebte Straßen und Gassen, die etliches verschlangen. Es fiel nicht weiter auf, wenn die Absteigen dort für ein paar Stunden verbotene Liebespaare beherbergten. Ein lukratives Geschäft im Land der arrangierten Ehen, dachte ich, verbiss mir jedoch eine Bemerkung, da ich mittlerweile entschlossen war, mehr aus seinem Mikrokosmos zu erfahren. Seine Penetranz widerstrebte mir, aber seine Geschichte machte mich zugleich neugierig.

Ich sank einen Kopf tiefer, Rajeshs Haar kitzelte zuweilen schon mein Ohr. Ein argwöhnischer Blick ins Abteil und schon erhöhte er in verschwörerischem Flüsterton noch einmal das Tempo.

Dort, im Schutze eines kleinen Apartments, würden sie die allergrößten Dinge tun. Experimente, die er mit „it", „our thing" oder „miracle" bezeichnete. Unaufhaltsam raunte er mir heiße Details in die Gehörgänge. Ein nasser

Faden verirrte sich auf meine Wange, sein dampfender Körper hatte mich in die Ecke gepresst. Hilflosigkeit, Prahlerei, Verdruss und Schwärmerei. Vieles vermischte sich in seinem Redefluss. Es wollte mir nicht gelingen, ihn von mir zu drücken, ich wollte mehr.

Aber auch Rajesh wollte mehr und begann mich mit Fragen zu torpedieren. Viel zu hastig, alles auf einmal. Anatomische Fragen, moralische Fragen, absurde Fragen. Wie das alles so sei bei uns in Europa. Er wollte Dinge wissen, die mich mehr als in Verlegenheit brachten. Schien ihm der Informationsgehalt zu mager oder zu zögerlich, wusste er genau, wie er intervenieren musste, um die Fakten zu bekommen, die ihm nützlich schienen.

Dann, unverhofft, ein zähes Quietschen gefolgt von einem Ruck. Er riss uns voneinander los. Jodhpur Hauptbahnhof. Ich hatte die Einfahrt durch die Peripherie der zweitgrößten Stadt Rajastans nicht bemerkt. Meine Sitznachbar jedoch schien vorbereitet. Er verstummte schlagartig, stand auf, strich seine Hose glatt, griff nach dem im Gepäckfach verstauten Krokokoffer, spuckte in die Handfläche und brachte seinen derangierten Scheitel in Form. Kein „nice to meet you" und kein „have a good journey", auch kein „bye-bye". Im Fortgehen dann doch noch ein wehleidiges „what shall I do?" Ich verzichtete auf ein bollywoodreifes „just follow your heart!", und schon wurde er hinausgetragen von mindestes drei Dutzend der über eine Milliarde.

Dieser Kerl, er trug Lacoste und Ralph Lauren, aber wie genau Kinder entstehen, wusste er nicht. Nach einer Stunde war das Intermezzo schlagartig beendet. Er ließ mich erschöpft zurück. Noch in Gedanken bewegte ich mich zur Waschzelle am Ende des Waggons, kühlte mein Gesicht, reinigte Hände und Arme, kehrte auf meinen Platz zurück und griff nach einer abgelegten Hindustan Times, in der noch die Fotostrecke von einer Märchenhochzeit aus einer anderen Welt auf mich wartete.

DAS NEST

Eine zersiedelte Peripherie, geprägt von Discountern und Kinderparadiesen, beginnt sich entlang der Ausfallstraße zu entwirren. Zunehmend weicht sie Wohnhäusern mit Nutz- und Rosengärten. Die Fahrbahn wird schmäler, dann und wann ein Gehöft, dazwischen verbrannte Erde. Schließlich teilt sie sich. Die südwärts führende Route schlängelt sich erste Hügel hinauf und passiert dabei von Wildbächen durchzogene Orangenhaine. Kurze Lieblichkeit bevor es hoch hinauf geht in eine vom Wind gebeutelte Gebirgslandschaft. Teppiche aus Thymianbüschen überziehen den felsigen Grund. Gelegentlich lockern Ziegenherden und bunte Bienenkästen das Szenario auf.

Serpentinen stemmen sich weit nach oben. Irgendwann im trüben Nichts präsentiert sich eine Passstation. Wie viele ihresgleichen wartet sie mit einer trostlosen Gastronomie und einer überdimensionierten Parkfläche auf. Ausstieg und Ausblick lohnen nicht. Das Abwärts auf der anderen Seite ist vielversprechender und läuft über sanfte Hänge in eine Hochebene aus. Schlichte Dörfer liegen eingebettet in Olivenbaumpflanzungen und Steineichenwäldern. Ein Postkartenmotiv jagt das nächste. Verknitterte Männer beim Brettspiel im Cafenion, Bougainvillenranken in Pink auf weiß getünchten Kirchenmauern.

Es naht die letzte Gabelung auf dieser Strecke, die letzte Chance, an die Südwestküste der Insel abzubiegen. Damit verbunden die Möglichkeit, in ein mit Komfort köderndes Touristenzentrum zu reisen, in ein gefälliges Hafenstädtchen mit Boutique-Hotels, Holzofenpizzerien und Wassersportzentrum.

Doch mein Ziel ist seit Jahren schon ein anderes. Hier oben beginnt eine Schlucht, die sich trichterförmig zum Libyschen Meer hin verengt. Der Blick diese Sackgasse hinunter ist grandios. Am Ende ein Klecks in Azurblau. Dort liegt ein Dorf in einer von Klippen gefassten Bucht. Das Nest entzieht sich einem Küstenstraßenrundkurs, zufällig kommt man hier nicht vorbei. Die letzten Kilometer in die Tiefe sind kurvenreich und staubig.

Am Ortseingang ragt die Ruine eines Nachtlokals im Stil einer marokkanischen Lehmfestung aus dem Boden. Gestrüpp überwuchert den früheren Versuch, touristische

Bedürfnisse zu interpretieren. Spätestens hier stellt sich Neuankömmlingen die Frage, wohin die Reise noch führen mag. Sie geht weiter. Geradewegs die zum Meer auslaufende Dorfstraße hinunter. Eine Handvoll einfacher Touristenunterkünfte reiht sich mit handgemalten Schildern und üppigen Geranientöpfen werbend an ihr auf. Die Wohnhäuser der Einheimischen schmiegen sich in den dahinter liegenden Gassen eng aneinander.

Schnell trifft die Dorfstraße auf eine parallel zum Kiesstrand verlaufenden Schotterstraße und endet. Tavernen und Strandbars schmücken den überschaubaren Abschnitt am Ufer. Lampionketten schaukeln über den mit kariertem Stoff bedeckten Holztischen. Unter Schatten spendenden Mimosen gibt es Lamm aus dem Ofen, kleine frittierte Fische und WiFi. Dazu ein Glas Athos und die Aussicht auf das von Wassersportlern verschonte Meer. Manchmal auch mit Fernblick auf die Insel Gavdos, den südlichsten Flecken Europas. Ein Bad im glasklaren Wasser. Geredet wird wenig, Elektrobeats aus Lautsprechern vermisst niemand. Weniger ist mehr. Manchmal.

Das Nest hat etwa hundert Einwohner. Nicht wenige davon sind hier gestrandet und geblieben. An einer Ecke der beiden aufeinander treffenden Straßen managt „der Pirat" die Pension Eleni. Seit der in die Jahre gekommene

Adonis das Weltenbummeln hinter sich gelassen hat, führt er ein beschauliches Leben als Herbergsvater und kümmert sich um die Belange anspruchsvoller Urlauber in spartanischen Gästezimmern. Sein Apartment im Souterrain teilt der Langhaarige jede Saison mit einer anderen Schönheit aus dem hohen Norden.

Neben der Pension verfolgt Roxana die Geschehnisse hier an zentraler Stelle. Von Sonnenaufgang bis spät in den Abend hinein residiert die herbe Brünette in einem Sessel vor ihrer Backstube und hofft auf Kundschaft und Plauderei. Sie verbreitet Neuigkeiten gerne auch in einem rudimentären Deutsch. Gemeinsam mit ihrem Mann Costa hat sie sich jahrelang mit Nachtschichten in Wolfsburg abgerackert. Als sie nach Kreta zurückgekehrt sind, um sich mit den Ersparnissen aus Deutschland etwas aufzubauen, traf er eine andere Frau. Nun hat sie die Bäckerei und er ein Taxi. Wenn Costa auf der Suche nach Fahrgästen die Dorfstraße entlang schleicht und den Leuten ein „Kalimera" hier oder ein „Wie geht's?" dort zuraunt, verzieht sich Roxana hinter ihren Verkaufstresen.

Gegenüber auf der anderen Straßenseite herrscht Mimi über ihre angeheiratete Großfamilie und einen Laden. Irgendwann blieb die dralle Belgierin wegen dem blauäugigen Yannis im Nest hängen und mutierte von der Studentin zur Krämerin. In den Anfangsjahren gab es bei ihr Mineralwasser, Seife, Pflaster und andere substanzielle Dinge. Heute quellen zusätzlich chinesisches Plastikspielzeug, Ständer mit Bandanas und gefakten Havaianas aus dem Verkaufsschuppen bis auf die Straße hinaus.

Neben den erwähnten gibt es weitere Personen, die mehr oder weniger das Dorfgeschehen beleben. Entweder weil sie im Sommergeschäft mitmischen oder weil sie dauerpräsent an den Theken ihre Weisheiten zum Besten geben. Dazwischen Bildungsbürger aus Mitteleuropa, die, frischgepressten Orangensaft nippend, ihr Literaturpensum abarbeiten, sowie Neohippies, die vom geduldeten Wildcampen an den Felsen profitieren. Jeder pflegt hier seine eigene Daseinsberechtigung. Alles plätschert unaufgeregt vor sich hin. Tagein, tagaus, jahrein, jahraus der gleiche Trott. Es hat den Anschein, als wolle jeder an ihm genesen.

Doch einmal war alles anders. Es braute sich etwas zusammen. Eine unvorhergesehene Entwicklung, welche im „Wunder von Portugal" gipfeln sollte, brachte das Dorf an Kretas Südküste in Wallungen.

„Das Monster hängt", Herr Sarikakis bekreuzigte sich und sackte auf seinen Stuhl. Die Jungfrau Maria lag verwaist und staubverklebt neben ihm auf dem Tresen. Nach über zwei Jahrzehnten musste er die Holzfigur vorübergehend beiseiteschaffen. Des Monsters wegen. Der Gastwirt hatte es am Vortag in Gestalt eines gigantischen Flachbildschirms in einem Elektromarkt in der Stadt erworben. Er war spät dran und lange unentschlossen gewesen. Jorgos, sein Juniorpartner, konnte ihn letztendlich aber doch ermutigen, das Brett an der Mauer mit der Mutter Gottes und anderen Devotionalien für das Spektakel am Abend verschwinden zu lassen. Es musste dem Monster weichen, hier an exponierter Stelle.

Sein halbes Leben schon sitzt Herr Sarikakis an der Hauswand unter dem Eichenbrett an seinem Pult und wacht über Gäste und Kasse. Den ganzen Laden hat er hier im Blick, die Kreuzung inklusive. Die Nachbarn sind alle peu à peu gekommen und haben sich hier niedergelassen. Der Pirat, Roxana und die Belgierin. Sie können miteinander leben, kommen sich nicht in die Quere. Sonst nichts weiter. Die Taverne von Herrn Sarikakis ist mit den Jahren zum Herzstück des Ortes avanciert. Nach und nach hat der Gastwirt die überdachte Freiluftterrasse ausgebaut und hingebungsvoll dekoriert. Er versucht bis heute, das Beste aus der Aufgabe zu machen, die ihm einst auferlegt wurde. Damals, Ende der 1970er Jahre, als das Nest noch unberührt war und der Tourismus auf der Insel zunehmend an Bedeutung gewann, entschloss sich seine Sippe, ihn in dieses Fischerdorf zu verfrachten. Sein nicht enden wollendes Studium in Thessaloniki veranlasste die Eltern, in das Haus am Ufer einer malerischen Bucht zu investieren und somit den Weg für eine lukrative Gastronomie zu ebnen. Eine eigene Familie hat Herr Sarikakis nie gegründet. Jetzt plagen ihn Leber und Herz. Sein Neffe Jorgos ist seit ein paar Jahren mit im Geschäft und wird die Taverne zu gegebener Zeit übernehmen.

„Weiter geht's!", Jorgos strich dem behäbigen Onkel über die Schulterblätter. Der war auf seinem Stuhl eingenickt. „Gleich kommen die Fische, und der Neue wartet auf seine Einweisung", spornte er ihn milde an. Die Plätze unter ihrer weinumrankten Pergola waren seit Tagen vorgemerkt. Sogar jenseits der Straße, auf dem Uferweg, hatten die Kellner Tische und Bänke aufgebaut. Die Jeunesse dorée aus der Stadt war in ihren SUVs angereist. In großen Cliquen verbrachten sie regelmäßig die Sommersonntage im Nest. Mit ihrer eleganten Garderobe stahlen sie den Ausländern in Cargoshorts und Trekkingsandalen die Show und ließen es laut, aber charmant krachen. Von Mittag an belagerten sie die

Tavernen. Dann ging der Hauswein in Literkrügen raus, und die Speisekarten wurden hoch- und runter zelebriert.

Diesmal aber waren deutlich mehr von ihnen im Nest als an den Sonntagen zuvor. Die beiden Gastwirte hatten die Anzahl der albanischen Hilfskellner für den Abend auf ein halbes Dutzend aufgestockt. Die Gästetische waren in leicht bedienbaren Reihen angeordnet und streckten sich der Wand mit dem noch schlummernden Bildschirm entgegen.

Vor einer Woche hatten die Hellenen im Viertelfinale der Fußball-Europameisterschaft vollkommen überraschend den Favoriten Frankreich aus dem Turnier gekickt. Am darauffolgenden Montag führten die Außenseiter ihren Triumphzug fort und entschieden auch das Halbfinale für sich. Dies war bereits eine Sensation. Nicht enden wollende Autokorsos, in Fahnenmeeren ertrinkende Plätze und Magistralen dominierten die Fernsehlandschaft. Dem bereits seit Tagen auf dem Festland anhaltenden Begeisterungstaumel stand man hier in der Ferne noch unsicher gegenüber. Bisher war die Freude über ein gewonnenes Spiel immer wieder rasch im Ouzo ertränkt worden, der zündende Funke ließ auf sich warten.

Heute Abend aber sollte dieser Ausnahmezustand ein Ende finden, so oder so. Im Finale von Lissabon trat der Fußballzwerg gegen den Gastgeber Portugal an. Niemals würde das gut gehen, so die Prognosen im Nest. Feiern wollte man trotzdem, Kundschaft gab es schließlich genug. Nico Sarikakis und seine Konkurrenten waren bestens gerüstet. Die Kühlaggregate liefen auf Hochtouren, die Vorräte waren bis zum Maximum aufgestockt worden.

Bereits in den Mittagsstunden konkurrierten das Monster und die Fernsehapparate der anderen Tavernen miteinander und beschallten, fernöstlichen Bahnhofslautsprechern gleich, erbarmungslos die Uferpromenade.

Hellenische Fernsehblondinen mit vom Alkohol getunten Stimmbändern moderierten -Göttinnen gleich- in Nationalflaggen gehüllt das Geschehen. Ihre männlichen Kollegen zupften an Fingern und Ohren, überdrehten Kugelschreiber oder präsentierten überforderten Studiogästen ihre blau-weiß gestreiften Krawatten und Boxershorts.

Roxana hatte Minifußbälle aus Hefe gebacken und begann, die duftenden Teile aus einem Bauchladen heraus auf der Straße zu verteilen. Es würde etwas geschehen.

Sie schien unbeschwert und voller Erwartung. Ein paar Meter weiter hatte Herr Sarikakis gerade seine Siesta beendet und wankte, mit einem Nationaltrikot und einer frischen Jeans bekleidet, die Stiege aus seiner Schlafkammer hinunter auf die Gästeterrasse. Seinen Lockenkranz flüchtig mit einem Taschenkamm zähmend, schlüpfte er in ein Paar Ledersandalen und war bereit für die Dinge, die da kommen sollten. Ein schneller Kaffee am Tresen, ein Hundertachzig-Grad-Blick ins Freie. „Yassas, wie läuft's?", ein Nicken hinüber zum Piraten, der Schwierigkeiten hatte, eine mobile Fußballbar, Typ ausrangierter Eiscaddy, auf den Strandkies zu schieben.

Orthodoxe Priester in Athener Vororten hielten Messen für das Spiel aller Spiele und weihten unberührte Fussbälle. Lokaljournalisten fuhren mit Jeeps in abgelegene Bergdörfer und ließen schwarz verhüllte, zahnlose Witwen, Fähnlein schwingend, ihre Wünsche und Gebete für die Mannschaft zum Ausdruck bringen.

Mimi, die Ladenbesitzerin, war unterdessen zu einer wandelnden Verkaufsfläche mutiert. Ein Kaftan bekleidete ihre birnenförmige Figur und bot Platz für allerlei Fanartikel-Gehängsel, die sie sich mit Sicherheitsnadeln angeheftet hatte. Später, so die Geschäftsidee, wollte sie zwischen den alkoholisierten Fußballfans umherwandern und das Zeug direkt von ihrem Körper abverkaufen. Bis dahin gab es jedoch noch eine Menge zu tun. Mit heiserer Stimme scheuchte sie die männlichen Mitglieder ihres Clans umher und klatschte in die Hände. Zusätzliche Ständer mit Massenware mussten auf dem Trottoir positioniert werden.

Der Abend kam. Das Spiel begann. Die Tavernen waren bis zum Bersten voll. Es wurde gegessen, getrunken, geglotzt. Nicht wenige Nordlichter wandelten noch unschlüssig umher und sehnten sich nach griechischen Balladen oder dem allabendlichen Zikadenkonzert. Unverdrossene suchten weiter nach einem ruhigen Plätzchen, an dem sie den Tag wie gewohnt bei preiswerten Kombinationen wie Moussaka mit Tomatensalat und einem Glas Hauswein hätten ausklingen lassen können.

So sehr Portugals Superstars sich auch bemühten, sie scheiterten immer wieder an einer hartnäckigen Griechenabwehr. In der Halbzeit ein kurzes Aufatmen, nichts war entschieden, alles war möglich. Nach und nach trieb es nun auch die Einwohner aus den Gassen ans Meer. Pathetische Waldhornfanfaren junger Burschen geleiteten ganze Großfamilien die Dorfstraße hinunter zu den Tavernen.

Um 21.42 Uhr erschütterte ein kollektiver Schrei die Bucht. Die 57. Spielminute hatte das 1:0 für Hellas gebracht. Arme schnellten empor, Menschen sprangen auf die Tische und trampelten in den Resten der Speisen. Es gab kein Halten mehr. Die letzte halbe Stunde war kaum zu ertragen. Dann der Schlusspfiff. Erlösung und Umarmungen. Niemals zuvor hatte es hier Vergleichbares gegeben. Aus dem Monster quoll das Geschrei der Moderatoren und der Massen in den großen Städten. Lichtblitze und Rauch vernebelten die Bilder.

Die Kreuzung war dicht, Romeo, die domestizierte Bergziege des Piraten, boxte sich durch das Gedränge und prellte dabei so manche Extremität. Spontane Volksgesänge kollaborierten mit den Hupkonzerten der in der Menge festgesetzten SUVs. Arm in Arm tanzten Einheimische und Städter einen nicht enden wollenden Syrtos um lichterloh entfachte Holzscheite. Enthemmte Halbstarke ließen mit blockierten Mopedrädern die Funken auf dem Asphalt fliegen. Am Rande des Geschehens saßen Roxana und Costa vereint in seinem Taxi und katapultierten kichernd die restlichen Hefebälle aus den Fenstern in die feiernde Menge.

Am Ufer preschten Salven von Jagdgewehren in den von einem Vollmond gezeichneten Himmel. Fischer, mit

Hochprozentigem ausgestattet, sprangen in die Boote und fuhren weit draußen einen dröhnenden Korso. Ihre Leuchtraketen entfachten rot glühende Rauchwolken über dem silbrig schwarzen Meer. Der Pirat eilte mit einem serbischen Küchenmädchen in seinem Plastikboot hinterher. Vieles verselbstständigte sich in dieser Nacht.

Irgendwann begann das Monster, Wiederholungen des Spiels, der Interviews und des Freudentaumels zu senden. Das Getümmel auf der Terrasse hatte sich gelichtet. Die sich hinzögernde Übertragung der Siegerehrung bekamen nur noch Wenige mit. Jorgos saß mit seinem Onkel und den Albanern an den unaufgeräumten Tischen. Sie löffelten Joghurt mit eingelegten Kirschen und rauchten die letzten Zigaretten für heute. Ein Großteil der Hellenen war feiernd an den Strand weitergezogen. Die Ausländer waren in ihre Unterkünfte verschwunden.

Mimis Fanartikelkörper sowie die Strandbar des Piraten konnten dem Getümmel an diesem Abend nicht standhalten und waren schon früh ins Abseits geraten. Roxanas Teilchen fanden sich plattgetreten auf dem Asphalt wieder. Von Costa und ihr keine Spur.

Gegen Mitternacht schloss Herr Sarikakis wie gewohnt das Buch mit den Abrechnungen. Ein Lächeln huschte über sein Gesicht, das erste an diesem langen Tag. Vermutlich hatte der Umsatz alle Erwartungen übertroffen. Er klemmte sich die Kassette mit den Einnahmen unter den Arm und steuerte schweren Schrittes auf die Stiege zu. Im Vorbeigehen schaltete er das Monster aus. Es hatte ausgedient. Sein Blick streifte die Bar. Dort stand bereits gesäubert und poliert die Jungfrau Maria auf dem Tresen.

DER VERDACHT

Meine Blickrichtung änderte sich, ohne dass ich sie zu lenken vermochte, ständig aufs Neue. Ich war umgeben von Gesichtern mit stechendem Augenweiß. Turbane, Saris, Nasenringe - Versatzstücke orientalischer Exotik umgarnten mich, wohin ich mich wandte. Doch mir fehlte die Ruhe, diese Vielfalt zu genießen. Eine mir in solchen Situationen unbekannte Nervosität breitete sich in meinem Körper aus und begann im Bauch zu pochen. Irgendetwas war anders diesmal. Es fühlte sich nicht gut an. Instinktiv beschloss ich, dieses Unbehagen zu personifizieren. Ich musste das mir noch fremde Individuum, welches aber bereits Wellen der Bedrohung aussandte, im Getümmel ausfindig machen.

Es dauerte nicht lange, da hatte ich einen Mann im Visier.

Er hielt sich abseits des Wartebereichs und schien in sich gekehrt. Seine Herkunft war schlecht einzuordnen, unterschied sich sein Erscheinungsbild doch deutlich von dem der anderen Fluggäste. Er besaß fein geschnittene Gesichtszüge und einen rasierten Schädel. Seine Augen waren mandelförmig, seine Haut zu hell für die eines - wie ich vermutete - Südostasiaten. Er trug ein Hemd mit Schulterklappen und weit hochgekrempelten Ärmeln. Dazu eine Mittelklassejeans, die von einem Armeegürtel um sein schmales Becken gehalten wurde. Vielleicht war dieser Riemen mit den Streichholzschachtel-großen Taschen kein Accessoire, sondern ein Unheil bringendes Märtyrerinstrument. Ebenso wenig konnte ich die kompakten Absätze seiner Wildlederboots ignorieren. Auch dort verbarg sich vermutlich noch etwas äußerst Delikates. In seinen Ohren steckten Stöpsel. Todsicher bezirzten ihn diese Dinger nicht mit folkloristischen Heimatklängen, sondern bliesen ihm präzise getimte Kommandos aus der mittlerweile großen Welt des Terrors ins Hirn.

Armer kleiner Mann, dachte ich für einen Moment. Sollte es dazu kommen, werde ich Dich daran hindern, ein Streichholz an deiner Schuhsohle zu zünden. Ja, so würde es sein. Fürs Erste zufrieden, ihn aufgespürt zu haben, begab ich mich noch rasch an einen Kaffeetresen, um mir einen letzten Schümli und ein Stück Rüblitorte zu gönnen. Schließlich befanden wir uns derzeit noch auf gesichertem Territorium, dem Züricher Flughafen.

Dann plötzlich der Aufruf für die Maschine der Swiss, Flug XC 341, nach Neu-Delhi. Keine Zeit mehr, die feuchten Krümel auf dem Teller zusammenzudrücken und den klebrig-zuckrigen Kaffeeschaum auszulöffeln. Ich griff nach dem Handgepäck und schloss mich den Wartenden an. Augenblicklich war mir meine Mission wieder präsent. Aber wo war der Kerl? Ich hatte ihn de facto über Schweizer Spezialitäten aus den Augen verloren. Nun, da die Passagiere sich aus ihren Kunststoffschalen erhoben, sich verdichteten und Richtung Fluggastbrücke drängten, war die Ortung eines Einzelnen schier unmöglich geworden. So sehr ich mich auch bemühte, er blieb verschwunden.

Zögerlich betrat ich die Triple Seven, wurde aber rasch von der Menge bis auf meinen Platz ins Heck der Maschine geschoben. Mein Blick wanderte über die Sitzreihen. Es wurden Kissen geknautscht, Bücher und elektronisches Allerlei gerichtet, Schuhe aus- und Pullover angezogen. Eine mir vertraute Atmosphäre, aber er kam nicht, um sie zu stören.

Auch ich begann, mich meinen Flugzeugmarotten zu widmen. Als Erstes überprüfte ich das Bordfenster. Eine winzige Prägung verriet mir, dass es in diesem Jahr erneuert worden waren. Die Verkleidung über meinem

Kopf zeigte Abnutzungserscheinungen, und die Pikto-
gramme der Schalter waren gestalterisch auch nicht auf
dem neuesten Stand. Während meiner Forschungsreise
durch die vermeintlichen Wartungsintervalle dieser
Maschine einer angesehenen Fluggesellschaft hatte ich
das Drumherum vollkommen ausgeblendet. Gerade als
ich die Karte mit den Sicherheitshinweisen aus dem
Netz ziehen wollte, landete eine neongelbe Messenger
Bag neben mir. Dieses hässliche Ding hatte ich heute
schon einmal gesehen.

Sie gehörte ihm.

- Schlucken.

Er ließ sich nieder.

- Hitze.

Er schob die Tasche unter den Vordersitz.

- Herzrasen.

Da fand ich mich schlagartig eingezwängt zwischen
einem noch blanken Flugzeugfenster, welches mir Sicherheit suggerierte, und diesem Typen, den ich als hoch

bedrohlich einstufte. Acht lange Stunden, wenn es überhaupt acht Stunden werden würden.

Dabei hatte ich mich auf Vertrautes gefreut.

Zuallererst hätte ich eine Bloody Mary geordert. Wie viele andere trank auch ich dieses Zeug nur über den Wolken. Darauf wäre das Auspacken des Essens, im Beisein einer kleinen Flasche Chardonnay, gefolgt. Schon fast schwerelos hätte ich anschließend sämtliche beim Einstieg gebunkerten Celebrity-Blätter verschlungen. Irgendwann wäre ich unter einer Polyesterdecke eingeschlafen, die ich später, wie immer beim Verlassen eines Flugzeuges, unsinnigerweise hätte mitgehen lassen.

Nun aber kam alles anders. Ich mahnte mich zu innerer Ruhe, nur so würde ich die Kontrolle bewahren, im richtigen Moment eingreifen und Schlimmes verhindern können.

Der Typ nickte mir zu, sollte wohl ein Hallo sein. Ich ignorierte die Geste und gab vor, den rudernden Bewegungen einer Stewardess zu folgen. In der Tat aber spähte ich auf seinen Oberarm, der auf einem solide antrainierten Bizeps einen züngelnden Drachen zur Schau stellte. Das Motiv irritierte. Am Handgelenk trug er Jade, am Mittelfinger einen fetten Siegelring, im Mund möglicherweise Gold. War er bestenfalls nur Mitglied eines fernöstlichen Verbrechersyndikats? Es wäre damit getan, sich während des Fluges unauffällig zu verhalten. Seine Performance würde er an einem anderen Ort erledigen. Redete ich mir ein.

Nach einem Takeoff durch Wind und Regen kehrte Ruhe in der Maschine ein. Mein Nachbar, der während des Gerüttels wie versteinert auf seinem Sitz gekauert hatte, drehte seinen Kopf zu mir und sprach mich an. Was wollte er? Bildete er sich ein, ich würde sein singhalesisches, malaiisches oder weiß der Kuckuck welches Kauderwelsch verstehen? Mehrmals erwiderte ich ihm auf Englisch, dass ich nichts kapieren würde, bis er mich unverhofft in meiner Muttersprache fragte, ob ich Deutsche sei. Da begriff ich, dass er mich in tiefstem Schwizerdütsch angesprochen hatte. Wohl in der Erwartung, in einer Schweizer Maschine eine Eidgenossin angetroffen zu haben. Diese Sprache passte nicht zu diesem Typen. Ganz und gar nicht passte es, als er erzählte, er sei ein Tibeter aus St. Gallen. Als Flüchtlingsjunge war er aus dem nordindischen Dharamsala von einem Schweizer Hilfswerk an den Vierwaldstätter See in ein Kinderdorf gebracht worden. Später wurde er dort - nicht zum Terroristen, sondern - zum Altenpfleger ausgebildet.

Nun war er, wie jedes Jahr im Mai, auf dem Weg zu seinen in Dharamsala verbliebenen Eltern und Geschwistern. In seinem Gepäck befand sich allerlei Hilfreiches. Er hatte unter anderem in St. Gallens Krankenhäusern ausrangierte Krücken eingesammelt. Ich begann das, was ich hörte, zu mögen, und mein restliches Misstrauen wurde auf die Probe gestellt.

In seiner Schweizer Heimat hatte Tzehe den Vorsitz einer Tibethilfe-Organisation. In seiner indischen Heimat, in Dharamsala, war er von dem dort im Exil lebenden Dalai Lama dafür ausgezeichnet worden. Als sei er mir einen Beweis schuldig, zog er eine abgegriffene Fotografie aus der Brieftasche. Sie zeigte ihn und das geistige Oberhaupt der Tibeter Arm in Arm vor einem leuchtenden Flammenbaum.

Die Metamorphose vom potenziellen Bombenzünder zum Menschenfreund war in meinen Augen vollzogen. Er konnte von nun an erzählen, was er wollte, er hatte mich für sich gewonnen. Es gab keinen Schlaf in dieser Nacht, und meine Flugzeugrituale kamen auch nicht weiter zum Einsatz. Wir redeten und redeten. Wir redeten immer noch, da waren wir schon lange in Delhi gelandet. Obwohl ich endlich ein lang ersehntes Ziel erreicht hatte, berührte mich das zu diesem Zeitpunkt wenig. Wir redeten auch noch, als alle anderen Mitreisenden, es war bereits nach Mitternacht, schon längst die Hallen verlassen hatten. Ausgerechnet unsere Gepäckstücke ließen auf sich warten. Als das Band nur noch einsame Runden drehte und wir begannen uns Sorgen zu machen, tauchten unverhofft doch noch mein Koffer, Tzehes Rucksäcke und ein Netz mit Krücken auf. In einer leeren, in Neonlicht getauchten und mit Kunststoffblumen geschmückten Halle nahm er mich zaghaft in den Arm. Dann machte er sich auf, seinen Nachtbus in das zehn Fahrstunden entfernte Dharamsala zu finden.

Ich musste noch lange an diese Begegnung denken, nicht ganz ohne schlechtes Gewissen. Heute, ein Jahr später, wird Tsehe sich wieder an den Rand des Himalayas aufmachen, und eigentlich hatte er mich eingeladen, ihn dorthin zu begleiten.

DIE AUTOBAHN

Der Imam Khomeini International Airport wirkt hell und freundlich. Seine Architektur ist von Transparenz und Modernität geprägt. Er ist der größte Flughafen im Iran und befindet sich dreißig Kilometer südwestlich von Teheran. Es gibt dort einen einzigen Leihwagenservice. Ein Unternehmen aus Europa unterhält in der Abfertigungshalle zwischen Kebab-Restaurants und Wechselstuben einen kleinen Schalter. Es bietet eine überschaubare Anzahl von Fahrzeugen des Typ Renault Logan an. Ein schlicht ausgestattetes, robustes Modell, das überwiegend für den Export in Schwellen- und Entwicklungsländer produziert wird. Auch das „Fünftausend-Euro-Auto" genannt. Alternativ besteht die Möglichkeit, über lokale Agenturen oder Privatanbieter einen Wagen mit Fahrer zu mieten, aber der Reiz, im Iran selbst am Steuer zu sitzen, ist groß.

An einem Abend im März stiegen wir auf dem Parkplatz der Autovermietung in einen Renault Logan. Er war einer von etwa einem Dutzend, allesamt weiß, ähnlichen Baujahrs und gezeichnet von Reisen durch den Wüstenstaub und Zwischenfällen mit anderen Fahrzeugen. Wir fuhren nicht mit der Arglosigkeit von dannen, wie wir es in anderen Ländern taten. Moment und Ort waren besonders, und die Fahrt verlief, auch wenn sie nur ins Flughafenhotel führte, noch zaghaft.

Unser Zimmer lag weit oben. In der Früh schob ich mit unbestimmter Erwartung den Vorhang beiseite und blickte hinaus. Eine Fläche aus Sand und Geröll erstreckte sich von der Gebäudekante bis zum Horizont. Kein Grün, kein Lebewesen, keine Bebauung. Nicht einmal Wolken, die vorüberzogen. In einiger Entfernung flimmerte ein Feld akkurat sortierter Schrottautos in der Morgensonne und sandte zufällige Blitzer in den monochromen Himmel. Dicht an der raumhohen Glasscheibe stehend, mit dieser Szenerie vor Augen und einer hochmodernen Innenarchitektur im Rücken, schien es, als befände ich mich in einer Weltraumsiedlung, vor der sich das Terrain eines anderen Planeten ausbreitete. Es war das Iranische Hochland. Ein Plateau, dessen Wüsten und Gebirgszüge weite Teile des Landes überziehen.

Der Persian Gulf Highway, eine Verkehrsader in Nord-Süd-Richtung verlaufend, streift das Flughafengelände. Südwärts herrschte in diesen Morgenstunden bereits massiver Verkehr. Eine Blechlawine, aus den Nordprovinzen und der Hauptstadt kommend, rollte durch die Einöde. Es war Hauptferien- und somit Hauptreisezeit, in wenigen Tagen würden die Iraner das Neujahrs- und Frühlingsfest Nourouz begehen. Autos und Kleinbusse waren überfrachtet mit Generationen und Gepäckstücken. Wer eine Rast einlegen wollte, scherte unangekündigt aus und errichtete wenige Meter abseits der Piste ein Zelt, um sich vor dem Wind und der Neugier anderer zu schützen. Ein heiterer Anblick, diese bunten, oft in Gruppen angeordneten Kleinkonstrukte mit den darin und darum agierenden Menschen. Frauen trugen Töpfe mit Speisen aus den Autos, Männer improvisierten Grillstellen im Sand. Die Familien wirkten guter Dinge und schienen froh über den anstehenden Tapetenwechsel und die damit verbundene Mobilität.

Am Fahrbahnrand marschierten immer wieder Kolonnen junger Männer an den Picknickgesellschaften vorbei. Sie liefen trotz der morgendlichen Kälte barfuß und trugen mit Schriftzeichen bepinselte Stofffetzen um die Stirn geknotet. Manche von ihnen schwangen Fahnen und riefen Parolen gen Himmel, andere schlugen sich mit Lappen auf den Oberkörper oder warfen sich auf den Asphalt. Die Männer waren unterwegs in die Stadt Qom zu einem bedeutenden Heiligtum der Schiiten, dem

Schrein der Fatima Masuma. Bei Qom verließen mit den wandernden auch die motorisierten Pilger die Autobahn. Andere Fahrzeuge blieben oder kamen hinzu und zogen es vor, in Städte wie das sagenumwobene Isfahan oder an den Golf in den warmen Süden zu reisen.

Das Verkehrsaufkommen wurde durch eine umfangreiche Präsenz von Straßenpolizei überwacht. Streifenwagen thronten unter Sonnensegeln auf Betonrampen, bereit gegen Verkehrsraudis vorzugehen oder Unfälle aufzunehmen. Schilder warnten vor Geschwindigkeitskontrollen, die Einsatzkommandos mit Laserpistolen durchführten. Da aufgrund der Verkehrsdichte kaum Raum für Überholmanöver vorhanden war, geschah es immer wieder, dass besonders Ungeduldige jenseits der markierten Spuren, eine zusätzliche Bahn eröffneten und andere ihnen dankbar folgten. Wie in Boxautos auf dem Jahrmarkt rutschte man knapp und unerschrocken aneinander vorbei, oft auch noch im Wüstensand. Versuche, vom unorthodoxen Fahren abzuhalten, fanden neben dem Verhängen von Geldstrafen auch auf andere Art und Weise statt. An exponierten Stellen, auf Podesten und Anhängern, wurden bis zur Unkenntlichkeit zusammengefaltete Unfallwagen zur Schau gestellt - stille Mahnungen in einem Land, das im internationalen Ranking der Verkehrstoten eine Spitzenposition einnimmt.

In Isfahan, vierhundert Kilometer weiter südlich auf tausendsechshundert Höhenmetern, ruhte der Renault für einige Tage im Innenhof einer Karawanserei, der zu einem Bezahlparkplatz umfunktioniert worden war. Unsere Kinder freuten sich über die für sie weitaus spannendere Fahrt in einer Pferdekutsche durch die Gartenanlage des gigantischen Meidan-e-Emam, den Platz des Imam. Familienverbände und Paare flanierten in der Frühlingssonne, umrahmt von weltlicher und religiöser Architekturkunst früherer Jahrhunderte. Moscheen, Königspalast und die Arkaden des Basars boten eine märchenhafte Kulisse für unbeschwerte Stunden. Neben weiblichen Wesen in Tschadors und Niqabs, zeigten sich Iranerinnen, die ihre obligaten Kopftücher und Mäntel bis zu einem Maximum des Möglichen stilsicher und modebewusst inszenierten. Sie küssten unsere Kinder, schenkten ihnen Rosen und Geld, posierten mit ihnen.

Auf der Schnellstraße Richtung Shiraz hatten viele Familien mittlerweile strapaziöse Entfernungen hinter sich gebracht. Am Folgetag würde das zwei Wochen andauernde Nourouz-Fest beginnen, und die Reisenden strebten danach, ihre Ziele pünktlich zu erreichen. Zeit musste eingehalten oder aufgeholt werden. Um uns nicht in Gefahr zu bringen, hatten wir uns längst dem

Fahrstil nervöser Familienoberhäupter angepasst. Willkürliche Manöver, die zu Hause unwiderruflich zu einem Crash geführt hätten, galt es hier nachzuahmen. Man musste im Fluss bleiben. Die Innenleben der Autos wirkten wie Relax-Oasen. Es gab keinerlei Anzeichen dafür, dass sich die Insassen auch nur im Geringsten für das Geschehen auf dem Asphalt interessiert hätten. Kleinkinder turnten mit Snacktüten und Plüschfiguren zwischen den Sitzreihen umher oder saßen beim Fahrer auf dem Schoß. Erwachsene studierten schwarze Büchlein mit dünnen Seiten, andere blätterten vorzugsweise in westlich aufgemachten Hochglanzmagazinen. Es wurde gesurft, gestickt, geschlafen. Traditionelle Kelim-Kissen und Polyesterdecken mit Fotoprints, sorgten für Heimeligkeit auf Überlandfahrten zwischen Städten, die oft Hunderte Kilometer voneinander entfernt lagen. Weniger überschaubar ging es meist auf den Dachgepäckträgern zu. Einige Aufbauten von Kleinwagen besaßen Ausmaße wie das Fahrzeug selbst. Es geschah, dass schlecht gesichertes Transportgut auf der Straße landete und dort zurückgelassen wurde, sobald ein Kontrollposten nahte. Neben Renault Logans und Modellen aus Fernost begegnete uns immer wieder ein Automobilklassiker namens Paykan. Der schnittige Mittelklassewagen wurde ab den 1960er Jahren, noch zu Zeiten des Schahs, bis kurz nach der Jahrtausendwende produziert und verkörperte einst so etwas wie den Volkswagen Persiens. Zwischen den Großstädten bewegten sich sporadisch auch SUVs und Limousinen deutscher Hersteller, gesteuert von Männern mit verspiegelten Pilotenbrillen und westlichem Haarstyling. Neben ihnen Frauen mit roten Lippen und Seidentüchern Pariser Modehäuser auf dem Haupt. Eines dieser Paare fuhr eine Weile in einem BMW X5 neben uns her. Die Frau hatte ihr Kopftuch auf der Schulter abgelegt. Wir beäugten uns, beide mit blondiertem Haar. Ich hätte jedoch niemals gewagt, meines unbedeckt zu tragen.

Die Einfahrt ins Sargoz-Gebirge brachte Leben in die mondlandschaftlichen Szenerien. Auf den Hügelkämmen, in Parkbuchten, verkauften Bauern und Händler auf den Ladeflächen ihrer Pick-ups neben landwirtschaftlichen Erzeugnissen losbudenartiges Spielzeug und mit Helium gefüllte Glitzerballons. Nach dem Kauf einer Kiste Erdbeeren bemerkte ich am Nachbarstand den BMW, der uns zuvor begegnet war. Die junge Frau hatte den Wagen verlassen, trug nun ihr Haar bedeckt und ließ sich von einem Alten Trockenfrüchte abwiegen. Als sie mich entdeckte, kam sie zu uns. Mit ihrem Mann hatte sie in der Nacht Teheran verlassen, um die Feiertage mit den Schwiegereltern im neunhundert Kilometer entfernten Shiraz zu verbringen. Als sie hörte, dass wir aus

Deutschland kämen, zog sie das neueste Modell eines I-Phones aus der Tasche und öffnete ein Foto, verbunden mit der Frage, ob ich ihr helfen könne. Nachdem sie das Motiv herangezoomt hatte, staunte ich über eine Familienpackung eingeschweißter Mettwürste. Sie wollte wissen, mit was zusammen sie die Dinger essen sollten. Sie sähen so nackig aus. „Freunde" aus Hannover, eine Bekanntschaft aus einem Teheraner Volkspark, hätten die Würste in einem Lebensmittelpaket geschickt. Da sei doch Schwein drin, ob sie das überhaupt essen dürften, deutete ich vorsichtig an. Das sei kein Problem, meinte sie. Gut, dann würde ich es mit Brot und Salzgurken - die hier traditionell auch verzehrt werden - versuchen, erwiderte ich. Auf ihre Frage, was sie dazu trinken könnten, Tee würde wohl kaum dazu passen, antwortete ich: „Bier"! Sie grinste. Dann nahm sie ihrem Mann, der mittlerweile hinter uns stand, eine dieser gerade äußerst angesagten Selfiestangen aus der Hand, steckte ihr Smartphone drauf, drückte ihre Backe an meine und rief „Smile!"

Die schnurgeraden Streckenabschnitte der Wüste hatten in den Bergen ein Ende gefunden, und die Straße schlängelte sich fortan durch wechselnde Gesteins-formationen. Provinzstädte und Dörfer, umgeben von Industrieanlagen, Feldern und blühenden Obsthainen prägten die Täler unterhalb der nackten Felshänge. Auf Rastplätzen, die sich den Mautstationen anschlossen, bot sich die Möglichkeit, einfache Gaststätten und Toilettenanlagen aufzusuchen. Meist waren auch eine Mini-Moschee, ein Polizei-Checkpoint und ein Kinderspielparadies vorhanden. Diese Orte waren überfüllt mit Menschen und Fahrzeugen. Neben Reisenden tummelten sich hier Einheimische, die Geschäften und Verabredungen jeglicher Art nachgingen. Sie verteilten Flugblätter und Broschüren oder tauschten Dinge untereinander aus. Marktähnliche Stände boten Küchenutensilien und religiöse Devotionalien an, warben für die Streitkräfte oder sammelten Almosen für die Invaliden des bereits vor Jahrzehnten beendeten Iran-Irak-Krieges. Es war ein für uns undurchsichtiges Dickicht, zu viele Menschen, zu viel Unwissen über das, was hier vonstattenging.

Einmal stiegen wir aus, um Wasser zu kaufen, begaben uns jedoch wieder zügig in den Renault und beobachteten das Spektakel aus der Distanz. Der ohnehin schon hohe Geräuschpegel wurde plötzlich von Schreien Einzelner übertönt, und die dunkle Masse geriet in Unruhe. Ein Mann löste sich aus dem Gedränge, das weiße Hemd halb vom Oberkörper gerissen, Blut rann ihm das Gesicht hinunter und färbte den Kragen. Er war groß und kräftig, wurde gejagt von Offiziellen in unterschiedlichsten Uniformen. Sie eilten aus allen Richtungen herbei, und es waren nicht wenige. Mit angstgeweiteten Augen vollbrachte der Kerl vermutlich den Lauf seines Lebens, hechtete über den Parkplatz und einige Kühlerhauben, haarscharf an unserem Wagen vorbei, um dann in einem halsbrecherischen Manöver über die Autobahn zu entschwinden. Eine weitere Verfolgung schien den Männern aufgrund der Verkehrslage zu heikel, sie stoppten, diskutierten und aktivierten ihre Handys. Die Stimmung war geladen. Umstehende berichteten, der Flüchtende hätte im Getümmel mehrere Menschen bestohlen. Sie schimpften und diskutierten. Wir verschwanden von dem Ort, an dem Fremde wie wir keinen Platz hatten.

Die Einfahrt nach Shiraz über den Shiraz-Marvdasht-Highway dauerte eine Ewigkeit. Aus den Bergen kommend, ging es trichterförmig hinab, verschiedene Abfahrten und Magistralen übernahmen einen Großteil des Verkehrs und pressten ihn in die Millionenstadt. Das Nourouz-Fest hatte begonnen. Urlauber, Wallfahrer und Ortsansässige verstopften die Straßen auf dem Weg zu ihren unterschiedlichen Bestimmungen. Unser Ziel befand sich irgendwo im Labyrinth der Altstadt - aber ausgerechnet heute streikte Google Maps. Als einziger Anhaltspunkt taugte der umfangreich ausgeschilderte Schah-Cheragh-Schrein, in dessen Nähe sich unsere

Unterkunft befand. Im Schritttempo arbeitete sich der Renault durch die Pilgermassen, die in diesem Viertel ganze Straßenzüge für sich einnahmen. Als wir zum dritten Mal im Schritttempo das Gelände des Mausoleums umrundeten, wurde ein Polizeiposten aufmerksam und wies einen Streifenwagen an, den Renault unter Blaulicht zu dem von uns gesuchten Gästehaus zu eskortieren. Shiraz befand sich in diesen Tagen sichtlich im Ausnahmezustand. Beim stundenlangen Schlangestehen vor den Ticketschaltern der Baudenkmäler und berühmten Gartenanlagen lernten wir Menschen aus vielen Teilen des Iran kennen. Bankdirektoren, Atomphysiker und Hochschullehrerinnen steckten uns ihre Visitenkarten zu. Wir wurden nach Teheran, Kerman und ans Schwarze Meer eingeladen. Unsere Tochter und unser Sohn waren vermutlich die in diesen Tagen am häufigsten fotografierten Kinder im Land.

Vornehmlich in Städten, aber auch in ländlichen Gebieten, passierten wir regelmäßig ausgedehnte Galerien mit Portraits von Soldaten, die ihr Leben im Iran-Irak-Krieg verloren hatten. Die Plakate waren an den Straßenrändern an Bäumen, Laternen oder auch an eigens dafür aufgebauten Gerüsten montiert. Manche waren mit Girlanden in den Nationalfarben oder mit Kunststoffnelken dekoriert. Es gab Abbildungen, auf denen die

Köpfe noch handgemalt oder die Fotografien bereits ausgeblichen waren, aber auch solche aktuelleren Datums, die ein Facelift durch Bildbearbeitungsprogramme erfahren hatten. Anfangs versuchte ich noch, in die Gesichter der Jungen mit zartem Bartflaum und der Männer mit ranghohen Kragenspiegeln zu schauen - wer waren sie, was ist ihnen widerfahren? Bald nahm ich jedoch nur noch farbige Platten wahr, die rhythmisch an unserem Auto vorbeiflogen. Einen pathetischen Höhepunkt fanden diese Märtyrerdarstellungen kurz vor Persepolis, der antiken Achämenidenstadt. Meterhohe Konterfeis, dramatisch aufbereitet, säumten die Flanken einer Achse, die auf das Weltkulturerbe zuführte. Die als Allee angelegte Straße endete vor einem mit tragenden Klängen beschallten Konglomerat aus Imbissen, Souvenirläden und Kinderfahrgeschäften. Dahinter erhob sich ein Felsplateau, auf dessen gewaltiger Fläche die Mauer- und Säulenreste von Persepolis ruhten. Tausende Iraner strömten in diesen Tagen die Steinstufen hinauf, um der in einem vorislamischen Zeitalter erbauten Palastanlage ihre Aufwartung zu machen.

Im Osten des Landes, in der Kawir-Wüste, herrschte schlagartig Leere auf den Straßen. Ab und zu querten historische Mercedes-Benz-Trucks, von weitem schon durch ihre Dieselfahnen erkennbar, die mit Dornbüschen gespickte Steppe. Viele von ihnen waren hier bereits Richtung Afghanistan unterwegs. Wir kamen voran und genossen es, durch mystische Landschaften zu preschen. Unter dramatischen Wolkenspielen, durch ockerfarbene Sanddünen, vor schneebedeckter Bergkulisse, vorbei an den Ruinen von Karawansereien und Lehmdörfern. Es fiel nicht schwer, sich vorzustellen, wie einst Reise- und Handelsgesellschaften auf Kamelen und Maultieren durch die Region gezogen waren. Da blitze es aus heiterem Himmel von einem spindeldürren, hohen Stahlmast auf uns hinab. Trunken von der wilden Schönheit dieses Fleckens Erde, hatten wir ihn nicht rechtzeitig wahrgenommen. In einiger Entfernung auf dem versandeten Mittelstreifen warteten zwei Schwarzuniformierte vor ihrem Wagen. Die mit Maschinengewehren und Patronengürteln ausgerüsteten Männer winkten den Renault beiseite. Einer von ihnen kam mit der Waffe in der Hand ans Fenster und runzelte die Stirn, als er ein ausländisches Paar mit Kindern erblickte. Nach Rücksprache mit seinem Kollegen gab er uns auf Farsi zu verstehen, dass er die Pässe sehen wolle. Lange Minuten blätterte er in den vier Exemplaren, drehte sie um dreihundertsechzig Grad und begutachtete jeden einzelnen Stempel vergangener Reisen. Als er das Iran-Visum entdeckte, nickte er, schien jedoch nicht erkannt zu haben, dass es sich um deutsche Papiere handelte. Als er fragte „american?", wir aber antworteten „allmand!" erhellte sich sein Gesicht. Er trat einen Schritt zurück, verbeugte sich, legte die Hand aufs Herz und brummte: „Welcome to Iran!" Wir konnten unsere Fahrt unbehelligt fortsetzen. Ich schaute noch eine Weile in den Seitenspiegel - bis der Mann, der weder Bußgeld noch Bakschisch verlangt hatte, wieder eins mit der Wüste geworden war.

Tage später, in der Oasenstadt Yazd, im Atrium eines restaurierten Handelshauses. Es war früher Morgen, die anderen Gäste schliefen noch in Zimmern, die sich um den Lichthof gruppierten. Im Frühstücksbereich waren Teppiche auf dem Steinboden ausgelegt. In Anoraks vermummt saßen wir auf Kelim-Kissen und wärmten uns mit Tee aus dem Samowar. Die Koffer standen zur Abreise bereit. Leila, ein liebenswürdiges Mädchen und zu dieser Stunde einzige Kraft im Haus, leistete uns Gesellschaft. Da kam ein Mann grußlos durch das Holztor aus den Gassen der Altstadt herein und ließ sich auf einem Diwan nieder. Er trug einen Sechstagebart und ein speckiges Jackett über einer ungepflegten Hemd-Pullover-Kombination. Nachdem er uns eine Weile beäugt hatte, forderte er das Mädchen auf, einen Tee zu bringen. Leilas lieblicher Tonfall und ihr Lächeln schwanden. Nach einer kurzen Unterredung mit ihm fragte sie, ob er bei uns Platz nehmen dürfe, sie würde das Gespräch übersetzen. Dass Menschen auf uns zugingen, sich aufgeschlossen zeigten, war weit verbreitet im Iran und freute uns immer wieder aufs Neue, Leilas Stimmungswechsel hingegen erzeugte ein diffuses Unbehagen. Ohne Umschweife befragte der Fremde uns zu Persönlichem und zur Reiseroute. Unsere Motivation für das unbegleitete Unterwegssein und unsere Sichtweise auf sein Land waren für ihn von besonderem Interesse. Er bekam die Antworten auf seine Fragen, die er vermutlich hören wollte. Dann äußerte er die Absicht, mit uns in das dreihundert Kilometer entfernte Kashan zu fahren. Wir waren irritiert über seine Bestimmtheit, wollten aber nicht unhöflich sein und gaben lediglich zu bedenken, dass es eng im Renault werden würde. „Bitte!", murmelte Leila und blinzelte uns eindringlich an. Irgendetwas hatten wir verstanden, als wir einwilligten. Kurz darauf befand sich der Mann, mit dem wir keine gemeinsame Sprache teilten und über dessen Absichten wir im Unklaren waren, auf dem Beifahrersitz. Er führte keinerlei Gepäck mit sich, war einfach eingestiegen. Eine stumme Fahrt voller Unbehagen nahm ihren Lauf. Die Kinder zogen die Kopfhörer ihrer Tablets auf und versanken in amerikanischen Animationsfilmen. Wir Eltern sprachen nur das Notwendigste miteinander. Obwohl er kein Interesse mehr an uns zeigte, fühlten wir uns auf beklemmende Art und Weise beobachtet.

Nach einem Drittel der Strecke, nahe einer betonierten Retortensiedlung, gab er uns zu verstehen, er wolle aussteigen. Erleichtert hielten wir am Straßenrand und entließen ihn ins Nirgendwo.

Vor Kashan verließen wir unsere Route, um einen Abstecher in das nahe Karkas-Gebirge zu machen. Vorbei an historischen Festungen, Bauernhöfen und blauen Krokos-Feldern. Erste Heimeligkeit nach zweitausend Autobahnkilometern. Inmitten der Bergkette liegt an einem Hang das rote Dorf Abaneh, eine pittoreske Komposition aus Lehmkuben und schmalen Passagen. Da es zu den ältesten Dörfern im Iran zählt und neben einem einzigartigen Dialekt auch über einen außergewöhnlichen Kleidungsstil verfügt, ist es besonders in der Ferienzeit ein viel frequentiertes, fast schon exotisches Ausflugsziel. Die einheimischen Frauen in mit leuchtenden Blumenmustern bedruckten Trachten wirkten wie Komparsinnen inmitten des dunkel gekleideten Besucherstroms, der am Tag durch ihren Ort drängte. Überhaupt wirkte alles sehr kulissenhaft und aufgeräumt.

Am Nachmittag brachen wir auf und schlängelten uns ein grünes Bachtal hinunter, zurück in das Graubraun der Ebene. Wir setzten die Fahrt auf einer Straße fort, die entlang der Bergkette verlief. Nach einigen Kilometern erreichte der Weg militärisches Sperrgebiet. Er endete aber nicht, sondern führte auf einem mit Drahtzäunen eingefassten Korridor weiter durch das Ödland. In der Ferne bewegten sich Armeefahrzeuge auf internen Pfaden und wirbelten Staubwolken auf. Aus dem Geröll ragten Flugabwehrstellungen, deren einsame Flakschützen Anhaltspunkt dafür waren, dass sich in der Nähe die durch den Atomkonflikt mit dem Westen bekannt gewordenen, unterirdischen Nuklearlagen von Natanz befinden mussten. Wir fuhren eine Weile durch das bedrückende Szenario, nicht ein Fahrzeug kam uns währenddessen entgegen. Mit der Dämmerung passierten wir ein von Scheinwerfern beleuchtetes und mit bemannten Wachtürmen gesichertes Areal. Hinter der Umzäunung war lediglich eine Art Barackendorf sichtbar. Vom Eingangsportal der Anlage blickten die Ajatollahs Khomeini und Khamenei auf uns hinab. Das taten sie eigentlich ständig auf dieser Reise. Bildtafeln jeglicher Dimension mit Portraits des Religionsführers und seines Nachfolgers waren flächendeckend im ganzen Land präsent. Sie zierten gleichermaßen staatliche Einrichtungen wie Brandwände heruntergekommener Mietskasernen. Einmal ragten sie sogar nahe einer Passstraße an zwei Stangen aus dem grünen Dickicht des ElborzGebirges heraus.

Bei der Ausreise am Imam Khomeini International Airport begegneten wir ihren Bildnissen ein letztes Mal. Sie hingen an einem Stahlbetonträger, wenige Meter bevor wir in der Gangway verschwanden.

DER EXPRESS

Kurz vor Mitternacht. Ich stand endlich vor ihm, hatte ihn gefunden unter so vielen: den Zug, der mich in den nächsten zwei Tagen südwärts bis nach Saigon bringen sollte. Den, dessen reibungslosem Funktionieren ich vertrauen musste, denn mein Flugzeug dort unten würde nicht warten.

Dass der Wiedervereinigungs-Express aber immer wieder wartete, auf Großfamilien, die in ihrem Chaos aus abenteuerlichen Gepäckstücken und orientierungslosen Kleinkindern kaum durchblickten, wartete auf Reisende, die dem Inneren des Zuges für einen Moment entkamen, um sich an Bahnhofsbrunnen zu erfrischen, an Holzwagen Zuckerrohrstücke zu lutschen oder an einem der Bauchläden greiser Jungen Limonade zu erstehen, wusste ich noch nicht.

Nachdem ich einer Schaffnerin mein Ticket entgegengestreckt hatte, dirigierte sie mich in den Waggon, presste mir ihre Faust in die Rippen und drängte mich weiter bis zu meinem Abteil, um sich dann erneut via Megafon den nachströmenden Fahrgästen zu widmen, welche auch noch untergebracht werden wollten.

Trotz der sich noch hinauszögernden Abfahrt des Zuges sowie einer Gluthitze im Waggon waren die Glastür und der Vorhang des Abteils bereits zugezogen. Vorsichtig schob ich die Tür zur Seite. Draußen war gerade erst eine versmoggte Dämmerung erloschen, hier aber unter fahlem Kunstlicht lagen bereits drei schmächtige Männer in Schlafanzügen auf ihren Pritschen. Kein Aufblicken, kein Gruß. Vielleicht waren sie in Gedanken vertieft oder verfolgten einfach nur mit trägen Augen die Fliege an der Decke in der Hoffnung, sie würde sich endlich auf das klebrige Band verirren, auf dem schon so viele andere vor ihr verendet waren.

Ich schob mein Gepäck in den Raum, stieg hinauf auf die letzte freie Liege und richtete mich ein. Selbst in der Horizontalen war es beängstigend eng, knapp über mir verlief die in einem bedrängenden Schwimmbadtürkis gestrichene Decke. In ihrer Mitte surrte ein Ventilator, dessen monotones Gebrumme und Geschnalze eher als Einschlafhilfe dienen würde denn irgendeiner kühlenden Erleichterung. Aber ich war müde und für den Moment zufrieden, ein Refugium gefunden zu haben. Kurz darauf setzte sich der Zug in Bewegung. Mit dem Geruch von Maschinenöl und kaltem Tabakrauch in der Nase schlief ich bald darauf ein.

Eine unbekannte Stundenanzahl später. Ein Tocktock neben meinem Ohr. Benommen öffnete ich die Augen und starrte auf einen dichten Haarschopf. Ein Pyjamamann mit zerfranstem Handtuch über der Schulter klopfte an meine Pritsche, blinzelte erwartungsvoll empor, streckte mir einen Plastikbecher mit einer sichtlich gequälten Zahnbürste ins Gesicht und wiederholte beharrlich die gleichen Worte. Vermutlich handelte es sich um die Aufforderung, meine Morgentoilette anzutreten, der Blick aus dem Fenster verriet, der neue Tag war bereits angebrochen. Ich begab mich hinunter in die Vertikale. Im Liegen wäre es ohnehin nicht zu ertragen gewesen, dieses abrupt neben mir aufflackernde Licht der noch nächtens gedimmten Leuchtstoffröhre. Good Morning, Vietnam.

Der Pyjamamann nickte mir zu, wohl in der Erwartung, dass ich ans Ende des Waggons marschieren würde, um mich dort vor der Waschkabine in die Schlange Wartender einzuordnen. Ich zog es für den Moment jedoch vor, mich wie andere auch, auf den Gang zu begeben, um meinen verspannten Körper mit ein paar Dehnübungen zu entzerren. Von einem Moment zum nächsten vergaß ich die Strapazen der Nacht. Gebannt schaute ich durch das Fenster. Wir fuhren übers Land, fruchtbares Land. Rapsteppiche blühten, aufgeforsteten Hügeln folgten üppige Gemüse- und Lotuspflanzungen. Zwischen den Feldern waren Kinder in Schuluniformen auf Lehmpfaden unterwegs. Wie aus dem Ei gepellt, in weißen Hemden mit roten Halstüchern, blauen Röcken und Hosen. Die Jungen mit Faconhaarschnitten, die Mädchen mit aufwendig geflochtenen Zöpfen und Affenschaukeln. Zarte Bauersfrauen mit spitzen Strohhüten trieben Büffel durch das Wasser der Reisfelder. Pittoresk und friedvoll aus meiner Perspektive, ich versank in den vorüberziehenden Bildern.

Tocktock und wieder ein Tocktock. Diesmal klopfte es an die heruntergeschossene Glasscheibe, auf die ich seit Kurzem mein Kinn aufstützte und die Nase in den Fahrtwind hielt. Einer meiner Mitreisenden, frisch gescheitelt und gegürtet, deutete hinter sich in unser Abteil. Dort saßen die restlichen Pyjamamänner zuzüglich den Bewohnern eines Nachbarabteils zusammengedrängt auf den unteren Pritschen und einigen Gepäckstücken. Aus einem vorsintflutlichen Transistorradio, dem Anschein nach noch „Made in GDR", hallten herzzerreißende Schlager. Oder waren es rührselig aufgepeppte Revolutionslieder? Meine Mitreisenden trugen mittlerweile Sandalen in Lederoptik, Anzugshosen und Polyesterhemden. Sie beschäftigten sich mit Styroporboxen, welche die Schaffnerin in der Zwischenzeit hier abgeladen hatte. Es roch nach würzigen Nudeln und Hühnerfleisch. Mit einem kurzen „Ca´m!" nahm ich ein Frühstück entgegen und gesellte mich zu den zufrieden kauenden Herren.

Aber in meinem Kopf arbeitete es. Wie würde ich es in diesem Abteil aushalten? Wie lange konnte ich die väterlich-autoritären Pyjamapapas noch ertragen?

Ich klappte die Schachtel mit den Essensresten zusammen, leerte eine Büchse stechend süßer Vietnam-Coke, und schon zog es mich wieder auf den Flur hinaus. Jenseits des Fensters spielten sich immer noch die gleichen Szenen ab, aber ich konnte einfach nicht genug davon bekommen.

Tocktock - es blieb aber nicht nur bei einem Tocktock. Jemand ziepte mich am Hemd. Prompt ertönte ein schrilles „Where are you from?" Eine junge Frau im Bademantel strahlte mich erwartungsvoll an. Ich grinste zurück und antwortete mit einem energischen „Germany!" - „Ach ja, Deutschland, sehr gut, wir sind von Stuttgart!", erwiderte sie in vietnamesisch gefärbtem Schwäbisch und wackelte dabei mit ihrem von Lockenwicklern bedeckten Haupt. „Wir beobachten Sie schon einige Zeit, kommen Sie mit. Es gibt ein freies Bett bei uns, wenn Sie möchten." Obwohl ich den Rest dieses „Wir" und „Uns" noch nicht einmal gesichtet hatte, ging ich zu meiner Pritsche, griff nach dem Gepäck, zwinkerte den überraschten Pyjamamännern zu und verließ sie. Drei Abteile weiter saßen ein Mann und eine zerbrechlich wirkende, aber scharfen Tabak kauende alte Dame am Fenster. Er wurde mir als ihr Ehemann, sie als seine Mutter vorgestellt. Auch dieses Abteil war eng und besaß eine türkisfarbene Decke, aber ich fühlte mich wohl. Bevor ich mich nach den Deutschkenntnissen des Paares erkundigen konnte, befanden sich bereits eine Blechtasse mit Tee in meinen Händen sowie mit Fischsoße gewürzte Maniokchips auf meinem Schoß. Das Ehepaar erzählte, dass es seit sieben Jahren in Stuttgart lebe, bei einem Autohersteller arbeite und seit dieser Zeit das erste Mal wieder in die Heimat zurückgekehrt sei. Nun hätte man, bevor es zurück nach Deutschland ginge, zusammen mit der Mutter eine wichtige Reise hinter sich gebracht. Welche Art von Reise sollte ich nach einer erträglichen Nacht am nächsten Morgen erfahren.

Ohne Tocktock und ohne Pyjamamänner begann der Tag. Mit meiner Zugfamilie frühstückte ich Nudeln mit Pak Choi. Nach einer Plauderei begab ich mich wieder auf den Gang an meinen Fensterplatz. Keine fröhlichen Schulkinder und keine zartgrünen Reisschößlinge in silberfarbenem Wasser erwarteten mich.

Wir mussten uns mittlerweile nahe der Demarkationslinie, dem 17. Breitengrad befinden - dort, wo der Krieg damals Hunderte Dörfer und Abertausende Menschen innerhalb kürzester Zeit ausradiert hatte. Meine Augen blickten auf zerklüftetes Land, zusammengeschobene Erdkrusten - wie Schnittwunden, die zu wulstigen Narben eingetrocknet waren. Dazwischen Dünenlandschaften, aus denen postmodern anmutende Betonsteine ragten. Pink, himmelblau, zitronengelb und lindgrün. Gräber in verseuchter Erde, von denen jedes einzelne die Gebeine eines Gefallenen oder manchmal auch nur die Reste eines Kleidungsstückes barg. Geradezu idyllisch anmutend, hielten vereinzelte Gruppen Angehöriger Zeremonien und Picknicks an den Ruhestätten ab.

Ich nahm Abstand und lehnte mich an die Abteilwand. Da trat der Ehemann neben mich. Ich fragte nicht, er begann einfach zu erzählen: Die Reise hatten sie seit Langem geplant. Seine Mutter war am Ende ihres Lebens entschlossen gewesen, irgendwo in diesem Land unter einer dieser Platten das Grab ihres ältesten Sohnes, eines von sieben, zu finden. Zu erfahren, wo er die letzten Jahrzehnte gelegen hatte, während ihr Leben weitergehen musste, hätte ihr den lang ersehnten Frieden gebracht. Das Vorhaben gestaltete sich beschwerlich. Die Familie war mit der Greisin, die nie zuvor das Mekongdelta verlassen hatte, in die zweitausend Kilometer entfernte Hauptstadt Hanoi gereist, um den zuständigen Behörden ihr Anliegen zu unterbreiten. Dort bekam sie nach Tagen des Wartens und der Ungewissheit ein Feld genannt, auf dem sich die Überreste eines Mannes mit dem Namen des Vermissten befinden würden. Eine halbe Tagesreise westwärts mit dem Bus, und die Mutter hatte Abschied nehmen können am Grab des vermeintlichen Sohnes. Das war gestern gewesen. Nun traten die drei bereits die Heimreise an. Er sei zufrieden und erleichtert über das Erreichte, deutete er an. Über den Krieg sprach er nicht.

Irgendwann kehrten auch die Bilderbuchszenen mit Suchtfaktor wieder, so, wie man sie zu sehen hofft in Indochina, so, wie man sie aus zahlreichen Filmklassikern oder Bildbänden kennt. Auch den Wolkenpass, die geografische Grenze zwischen dem Norden und dem Süden, hatten wir mittlerweile, dank einer kurzzeitig eingesetzten Schublokomotive, passiert. Die Landschaft wurde satter und wilder, alles noch etwas üppiger als im Norden.

Ich erinnere mich an viele provinzielle Bahnhofsstationen. An die gläsernen Imbisswagen, die Baguette mit Leberpastete, ein kulinarisches Relikt aus der französischen Kolonialzeit, feilboten. An gedämpfte Reisbällchen in Bananenblättern, an Bündel praller Litschis und immer wieder an Limonade in allen erdenklichen Farben. Unzählige Reisende hatte der Zug ausgespuckt und neue wieder eingesogen. Körbeweise frische Marktwaren wurden gleichermaßen transportiert wie halbverrottete Hausstände. Wir passierten auf dieser Reise nicht nur pittoreske Landschaften oder endlose Gräberfelder. Die verfallende Kaiserstadt Hue lag ebenso auf der Route wie der ehemals amerikanische Militärstützpunkt Danang.

Der Zug mit dem vielversprechenden Annex „Express" hat Saigon mit einiger Verspätung erreicht. Das mit dem Flug hat gerade noch geklappt, wenn nicht, was würde mich das heute noch kümmern.

DER STRAND

Das erste Mal begegnete uns Herr Watanabe am südlichsten Zipfel von Japan. In tropischen Gefilden auf der Insel Okinawa Hontō. Mit seiner Familie verbrachte er dort die Sommerferien, tausendzweihundert Kilometer entfernt von seiner Heimatstadt Osaka. Wie viele seiner Landsleute war er der Enge und Hitze der Millionenstädte des japanischen Kernlandes entflohen. Direkt an einen korallenweißen Strand, eingefasst in sattes Grün und türkisfarbenes Wasser. Pittoreske Felsbrocken ragten wie hingewürfelt aus dem spiegelglatten Meer. Das perfekte Ambiente für das Robinson-Crusoe-Feeling.

Eigentlich perfekt. Hätte da nicht inmitten dieser großzügigen menschenleeren Natur ein streng abgestecktes Rechteck existiert. Stahlpfosten mit einer umlaufenden Leine markierten ein Feld von geschätzten siebzig Metern Strandlänge und vierzig Metern Breite. Ein Teil des Areals befand sich im Wasser und endete an einem Netz, welches mit neonfarbenen Bojen bestückt war. Innerhalb der Begrenzung herrschte Hochsaison. Dichtgedrängt gaben sich Hunderte japanische Urlauber der Sommerfrische hin. Einer von ihnen war Herr Watanabe. Unter einem der teuer anmietbaren Sonnenschirme saß er auf einer Liege und präparierte sich für einen Gang ins kühle Nass. Sein Körper war, wie bei vielen Strandbesuchern, aus Angst vor der Bräune bringenden Sonnenstrahlung, fast gänzlich mit Hightechtextilien bedeckt. Er trug ein dunkles Set, bestehend aus Kapuzenpullover und Steghose. Zusätzlich zog der alte Herr sich eine Art Sturmhaube über den Kopf und Handschuhe mit Öffnungen an den Fingerkuppen über die Hände. Dann reihte er Taucherflossen in verschiedenen Größen vor sich auf, suchte das passende Paar heraus und schlüpfte hinein. Er wirkte wie ein in die Jahre gekommener Gangster, der sich in aller Seelenruhe auf einen Coup vorbereitet.

Herr Watanabe zurrte die Riemen der Flossen fest und hängte sich eine Taucherbrille mit Schnorchel um den Hals. Seine Frau half ihm auf die Beine und assistierte beim Anlegen der Schwimmweste. Ein Enkel drückte ihm einen kleinen Fischkescher in die Hand. Dann setzte sich der hagere Mann rückwärts in Bewegung. Mit vorsichtigen Schritten stakste er Richtung Wasser. Immer Obacht gebend, dass seine Flossen kein Territorium anderer Strandgäste touchieren. Nach wenigen

Metern erreichte er das Ufer des Ostchinesischen Meeres, drehte sich um hundertachtzig Grad, brachte Brille und Schnorchel in Position und platschte mit seinen Flossen ins glasklare Wasser. Als ihm das Wasser bis zum Bauch reichte, ließ er sich plumpsen. Die Styroporelemente seiner altmodischen Weste fingen ihn umgehend auf.

Es herrschte großes Getümmel im Wasser. Viel Arbeit für den Bademeister, der inmitten des Feldes auf einem Baywatch-Tower residierte. Viel Verantwortung, da die meisten Besucher über wenige bis keinerlei Schwimm-kenntnisse verfügten und sich einzig und allein auf ihre Schwimmhilfen verließen oder sich an bonbonfarbenen Flamingo- und Einhornluftmatratzen festklammerten. So war auch das Schnorcheln, ein beliebter Zeitvertreib, nur mit Schwimmweste oder -flügeln gestattet. Fum-melte jemand zu offensichtlich an den Bojen herum, womöglich mit dem Gedanken spielend, die eingegrenzte Zone zu verlassen, ertönten umgehend drei kurze schrille Töne aus der Pfeife des Bademeisters. Zeitgleich kreuzte er, ohne die Miene zu verziehen, seine Unterarme vor der Brust, was in Japan unmissverständlich einem „Nein!" gleichkommt.

Abgemahnt wurden im Laufe des Vormittags u. a. auch ein Mädchentrio, das im knietiefen Wasser posierte und sich mit Hilfe eines Selfiesticks ablichtete, oder ein Mann, der seinen überdimensionierten Gummireifen zu weit abdriften ließ. Zahlreiche Regeln und Vorschriften waren in Form von Schriftzeichen und Grafiken auf einer großen Tafel manifestiert.

Herr Watanabe hatte das Wasser verlassen. Gleichermaßen wie er hineingegangen war, im Rückwärtsmodus. Zwischen seinen kurzen Tauchgängen, die er in regelmäßigen Abständen wiederholte, lag er unter dem schattenspendenden Sonnenschirm, las ein Buch oder unterhielt sich mit seiner Frau, die selbst wiederum ihre Liege nie verließ. Immer wieder blickte er zu uns hinüber, und ich wurde das Gefühl nicht los, er würde uns zuhören. Ich lächelte ihn milde an, um der Sache auf die Spur zu kommen. Er nickte kurz und deutete ein Winken an. Wenige Minuten später erhob er sich, trottete hinüber zu unserem Strandlager und blieb in höflichem Abstand davor stehen. Er hätte unseren Kindern im Wasser zugehört und sie dabei beobachtet, wie sie sich einen Spaß daraus machten, zwischen den vielen Menschen hindurchzutauchen. So ganz ohne „Ausrüstung". Wie zwei wendige Fische. Das hätte es an diesem Strand noch nie gegeben. Herr Watanabe bemerkte dies mit einem Hauch von Bewunderung in einem gebrochenen, aber gewählten Deutsch. Dann sah er uns erwartungsvoll an. Wir hatten uns in Japan daran gewöhnt, Personen eher zu beobachten anstatt etwas über sie zu erfahren, denn Englisch sprach hier kaum jemand und so wurde Herr Watanabe auf dieser Reise zu einer der wenigen Menschen mit denen wir uns unterhalten konnten. Er schien sich über den Austausch zu freuen und kam aus dem Plaudern gar nicht mehr heraus. In den 1990er Jahren hatte der heute Endsechziger als „Manager" eines japanischen Pharmakonzerns mehrmals Deutschland besucht. Erinnerungen an das schöne Heidelberg und an das geschäftige Frankfurt wurden wach. Deutsch hatte er vor Jahrzehnten im Nebenfach an der Universität von Tokio studiert. Eine sehr schwere Sprache, wie er immer wieder zwinkernd bemerkte, wenn er für einen Moment nicht weiter wusste und mit Sorgfalt nach Worten suchte. Herr Watanabe brachte es dennoch fertig, dass wir irgendwann zu verstehen glaubten, welche beruflichen Positionen er im Laufe seines Lebens innehatte und welche Betriebsauszeichnungen ihm zugutegekommen waren. Sein gesamtes Berufsleben hatte er in ein und derselben Firma verbracht.

Dann sprach er von Osaka, seiner Heimatstadt auf der Insel Honshū. Von einem der endlosen, dicht besiedelten Vororte, in dem er in einem Häuschen ohne Garten mit Frau, der geschiedenen Tochter und zwei Enkelsöhnen lebt. Obwohl im Ruhestand, geht er weiterhin arbeiten. Vier Tage die Woche pendelt Herr Watanabe mit dem Zug zwischen den ineinander verschmelzenden Millionenstädten Osaka und Kyoto, um dort diversen Minijobs nachzugehen. Mal als Aufseher in einer Kunstgalerie, mal als Fahrer für Medikamentenlieferungen an Apotheken. Während er dies erzählte, machte er einen amüsierten Eindruck. Es klang nicht, als sei es ihm eine Last.

Da ertönte der tägliche Mittagsgong aus Lautsprechern, die sich, an hohen Stangen befestigt, an der kleinen Strandpromenade aufreihten. Solche Lautsprecher waren auf der ganzen Insel präsent und ihre Ansagen erreichten jeden zu jeder Zeit. Die Exemplare am Strand beschallten die Besucher täglich ab neun Uhr morgens. Es ertönte der erste Gong, gefolgt von traditioneller Ryoko-Musik. Um siebzehn Uhr würde nach dem letzten Gong eine freundliche Frauenstimme, umspielt von zarten Flötenklängen, die Besucher auffordern, nun ihre Habseligkeiten zusammenzupacken und darauf zu achten, keine Wertgegenstände zu vergessen. Sie würde sich dafür bedanken, dass die Menschen den Strand besucht hätten, dass das anwesende Aufsichtspersonal ihnen dienen durfte und sich freuen würde, jeden einzelnen

Gast morgen wieder begrüßen zu dürfen.

Aber soweit war es heute noch nicht. Viele Familien hatten mit dem Mittagsgong eine der zahlreichen Grilleinheiten, die sich auf der Promenade nebeneinander aufreihten, besetzt und packten Behältnisse mit Eingelegtem und Vorgekochtem aus. Auf den Feuerrosten wurden kleine Snacks wie Hühnchen- und Meeresfrüchtespieße zubereitet. Auch die Watanabes hatten einen solchen Platz, der mit einer überdachten Sitzgruppe ausgestattet war, für umgerechnet dreißig Euro reserviert. Herr Watanabe blickte hinüber zu seiner Familie, die sich bereits im Aufbruch befand. Er deutet eine Verbeugung an und entschuldigte sich. Er müsse jetzt gehen und sich um das Feuer kümmern.

Wir aßen unser Gegrilltes im einzigen Imbiss weit und breit. Ein paar mickrige Fische mit lauwarmem Reis und kaltem Bier. Auf der PVC-Tischdecke Sojasauce und eine Schale mit getrockneten Garnelenflocken, die dem Essen etwas Würze gaben. Eine Kultur von Strandrestaurants, wie man sie in vielen Urlaubsgebieten rund um den Erdball antrifft, existierte hier nicht.

Unseren Deutsch sprechenden Japaner hatten wir aus den Augen verloren. Es wurde noch voller am Strand, er glich mittlerweile einer Patchworkdecke aus Handtüchern, bedruckten Plastikunterlagen und Schirmen. Die Wasseroberfläche war mit aufblasbaren Waserspielzeugen in sämtlichen Dimensionen übersät. Das machte es für den Bademeister besonders schwer, tatsächliche Notfälle rechtzeitig zu sichten. Aber er hatte mittlerweile Unterstützung von zwei jungen Assistentinnen bekommen, die mit Pfeifen in den Händen an der Wasserlinie auf und ab hasteten.

Wir verließen den Strand und fuhren weiter in das grüne und bergige Innere der Insel. Im Laufe des Nachmittags zog der Himmel stetig zu. Es wurde dunkel. Vögel verstummten. Erste Windböen brachen Zweige von den Bäumen, die auf die Straße fielen. Regenschauer setzten ein. Alles wurde grau und hässlich.

In den frühen Morgenstunden des nächsten Tages kam der Taifun. Er war über die auf der Insel verteilten Lautsprecher angekündigt worden. In regelmäßigen Abständen erschienen staatliche Hinweise und Anweisungen auf den Displays der Smartphones. Ein Mitbewohner übersetzte das Wichtigste. Der Sturm zwang uns, die nächsten vierundzwanzig Stunden in der Unterkunft zu bleiben.

Tage später suchten wir noch einmal den Strand auf. Obwohl das Unwetter Richtung Taiwan weitergezogen war und die Sonne wieder schien, war er abgesehen von einem Aufräumtrupp wie ausgestorben. Das eingezäunte Feld existierte nicht mehr. Stangen, Leinen und zerrissenen Netze lagen kreuz und quer verstreut auf dem verschmutzten Sand. Die Arbeiter, ausgestattet mit bunten Overalls, Helmen und Gummistiefeln erinnerten optisch an eine Einheit von Playmobil-Männchen. Sie trugen darüber hinaus Mundschutz und Baumwollhandschuhe. Mit zwei Minibaggern bargen sie größere Schuttteile, mit Schaufeln und Harken reinigten sie den Sand von Tang und angeschwemmtem Schiffsmüll. Der Turm des Bademeisters wurde mit einem kleinen Kran wieder aufgerichtet, und eine Planierraupe stand bereit, um den Strandabschnitt zu ebnen. Morgen könnten wir wieder baden kommen, gaben sie uns freundlich zu verstehen, dann sei alles wieder beim Alten. Wir kamen nicht wieder und flogen Richtung Norden auf die Insel Honshū, nach Osaka.

Parallel zum Fernbahnhof Shin-Osaka steht ein riesiger Hotelriegel mit direktem Ausgang in eine der vielen Bahnhofspassagen. Die Türen der lautlos hinuntergleitenden Hotelaufzüge öffnen sich, und man taucht ein in die schillernde „Unterwelt" eines japanischen

Großbahnhofs. Sich überlappende Ansagen aus Laut-sprechern, Neonreklame vor Shops und Restaurants, dröhnen und funkeln einem entgegen. Als Mangafiguren, Hasen oder Schulmädchen kostümierte Wesen streifen durch die Passagen und verteilen Gutscheine, Flyer oder Werbefächer. Sich kreuzende, kaum abreißende Fahrgastströme fließen von den frühen Morgenstunden bis spät in die Nacht durch die mehrstöckige Bahnhofs-anlage. Besonders zu den Stoßzeiten sind es die ein-samen Massen der pendelnden Weißhemden und Schwarzhosen, die in der Metropolregion mit vierund-zwanzig Millionen Einwohnern unterwegs sind, um auf ihrem Weg zwischen Zuhause und Job die Gleise zu wechseln. Menschen, die mit den im Fünfminutentakt abbrausenden Shinkansen-Schnellzügen Hunderte Kilometer vor sich oder hinter sich haben, die sich stundenlang mit Vorortzügen in die Stadtzentren oder wieder aus ihnen hinaus quälen. Schweigend und ge-dankenversunken schreiten sie auf gemeinsamen Wegen, um sich bald wieder zu trennen.

Coffee-Shops und Schnellrestaurants säumen die Pas-sagen. An diesen Orten sitzen die Menschen nicht zusammen an Tischen, sie hocken nebeneinander an langen schmalen Theken, ohne irgendein Gegenüber. Man kommt sich nicht zu nahe, ein Platz bleibt grundsätzlich frei zum Nachbarn. Statt auf Menschen sind die Blicke auf Bücher, Smartphones und Laptops gerichtet. Hier halten sich nicht nur jene auf, die kurz einen Imbiss nehmen oder die auf Anschlussverbindungen warten. Nicht wenige zögern das nach Hause Kommen hinaus, sei es aufgrund der beengten Wohnverhältnisse vieler Familien, oder aber auch wegen der Einsamkeit, die sie in einer Singlewohnung erwarten würde. Junge Leute büffeln für Schule und Uni, Familienväter sitzen über unvollendeter Büroarbeit. Es wird unbeobachtet im Internet gesurft, oder einfach nur „in Ruhe" ein Buch gelesen. Hier in der Anonymität, jedoch eingebettet in ein ästhetisch gestaltetes Ambiente und berieselt von seichter Lounge-Musik fühlt sich so manch einer wohl und frei. Oft stundenlang.

Wir wohnten seit einer Woche in dem großen Hotel, dessen Ausgang direkt in den Bahnhofsbereich führt. Ein guter Standort für Tagesausflüge in die Region. Eines Abends, mitten in der Rushhour, traten wir aus dem Fahrstuhl heraus in die Passage. Vor uns zogen in zwei entgegengesetzten Bahnen die Pendler vorbei. Gleich auf der gegenüberliegenden Seite in etwa zehn Metern Entfernung gab es diesen französisch aufgemachten Coffee-Shop, in dem wir morgens Milchkaffee und Kakao tranken. Die Kinder wollten hinüber und schauen, ob es in der Auslage noch Zimtschnecken gab. Wir schlupften durch den Menschenstrom hindurch.

Nun sahen wir Herrn Watanabe ein zweites Mal. Er saß uns zugewandt an einer der Tischreihen, direkt hinter der großen Glasfront des Coffee-Shops. Uns trennten höchstens zwei Armbreiten. Die Kinder hatten ihn sofort an seinem dichten weißen Topfhaarschnitt und dem roten Brillengestell erkannt, verstummten aber, als sie bemerkten, dass er eingenickt war. Er hatte die Ellenbogen aufgestellt und stützte sein Kinn auf die Handballen. Die geschlossenen Augen waren auf einen geöffneten Laptop gerichtet. Flackerndes farbiges Licht bewegter Bilder fiel auf seine blasse Gesichtshaut und betonte jede einzelne Runzel. Als uns endlich bewusst wurde, dass wir ihn wie ein exotisches Zootier betrachteten, zogen wir uns zurück. Stören wollten wir ihn auf keinen Fall.

Herr Watanabe wollte mir während des ganzen Abends nicht mehr aus dem Kopf gehen. Ich dachte an all die Details, die ich gesehen hatte. An seine Brille, die bis auf den vordersten Punkt der Nasenspitze gerutscht war, an das am Ende des Tages zerknitterte Hemd, die gelockerte Krawatte, an die Bananenschale und den umgefallenen leeren Pappbecher neben seinem Laptop. Hatte er hier eine Rast eingelegt auf dem Weg von einem seiner Jobs nach Hause, oder wollte er dort noch gar nicht hin? Hatte Herr Watanabe sich heute zu viel zugemutet? Oder träumte er einfach nur vom weißen Strand?

Alles Gute, Herr Watanabe.

Danke

Sebastian, Elisabeth, Lutz, Eva,
meinen Eltern.